素人手記

ああ、禁欲限界突破！

～田舎で、行楽地で、見知らぬ土地で…

性の鬱憤を爆発させる女たち

愛の体験編集部 編

竹書房文庫

第一章

官能の限界を超えて

第二章

快楽の限界を超えて

第三章　愛欲の限界を超えて

第四章 喜悦の限界を超えて

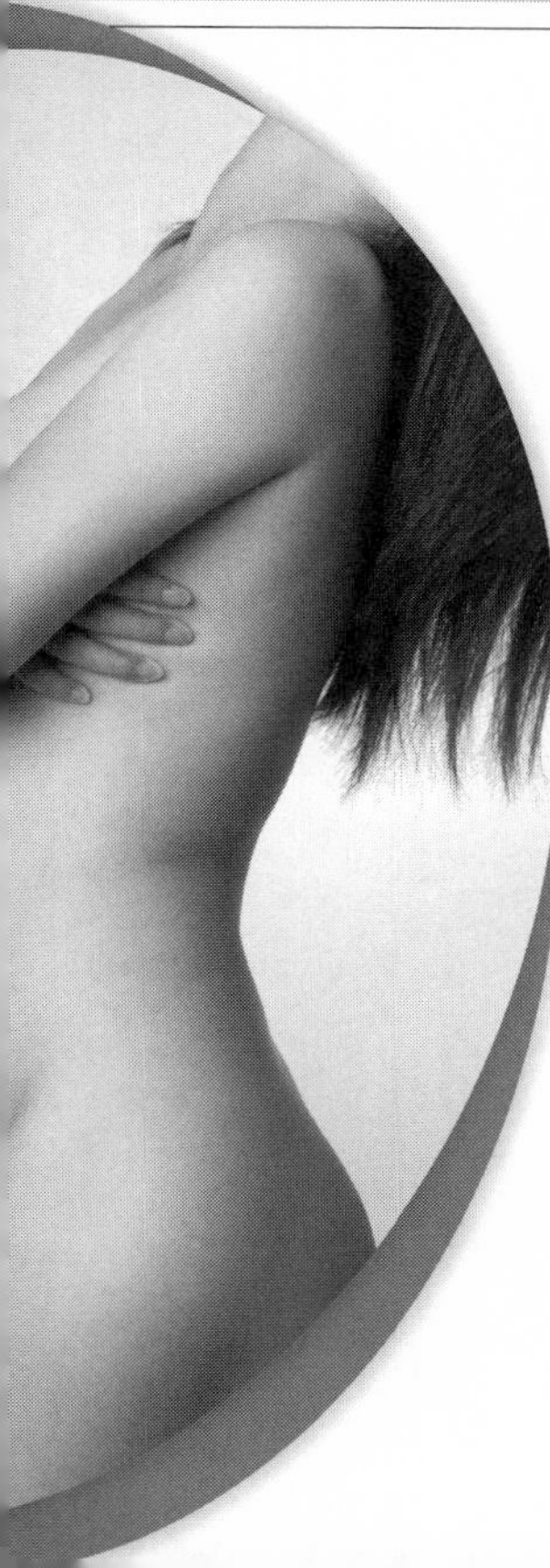

第一章

官能の限界を超えて

■私は上の口と下の口を同時にふさがれ、それぞれを深く激しく犯されて……

行きずりの3P快感に溺れまくったイケナイ有給休暇

投稿者 稲村梨花（仮名）／24歳／OL

例の世界的感染症の流行もようやくだいぶ落ち着きを見せ、この夏はかなりたくさんの人々が、それまでの自粛生活で溜まりに溜まった欲求不満を解消すべく、いろんな所に大挙して出かけて遊びまくり、すごく盛り上がってましたよね。

でも、地味で慎重派、おまけにカレシも遊び友達もいない寂しいOLである私は、その間も息をひそめてじっとガマン……アクティブ系の方々の怒濤の旅行＆レジャーの嵐が過ぎ去り、静かな秋の季節が巡ってきたところで、ついに行動を起こすことにしたんです。

この季節なら、やっぱり海よりも山よね。

土日を入れて計五日間の有給休暇をとった私は、日光のほうへ一人旅することに決め、完全なオフシーズンだし当日泊できないなんてこともないだろうと高をくくり、行き当たりばったり気分で東武線の列車に乗り込みました。

現地に着いたのは夕方近くの午後三時半頃。

駅の案内所で宿を当たってもらうと余裕ですぐに見つかり、タクシーで十分ばかり行ったところにあるそのホテルに着くと、チェックインしました。

その夜はホテル近くのレストランで夕食をとり、大浴場でゆったりとお風呂に浸かって旅の疲れを取りました。

さあ、明日はあそことあそことあそこに行って、あれとこれとあれを食べて……と、旅の楽しみと期待に胸を膨らませながら、眠りについたんです。

ところが翌日、私は思わぬアクシデントに見舞われてしまいました。

午前十時頃ホテルを出て、その日回る予定だった場所の半分を終えたあと、急に具合が悪くなり動けなくなってしまったんです。

(うわ……これちょっとヤバいなぁ……)

全身が超だるくなり、頭はガンガン、脂汗だらだら……私、ごくたまにこんなふうになることがあるんですが、ほんと、まさか今ここで来るかーっ？　て感じでした。

すると、そうやって十分ほどもベンチでうずくまってた私に、声をかけてくる相手がいました。

「ちょっと大丈夫？」

「うっわ、ものすごい顔色悪いよ〜っ？」

口々にそう言って心配してくれたのは、男性の二人組でした。

二人とも私と同年代の二十代半ばくらい、こざっぱりとした身なりのなかなかのイケメンたちでした。でも、基本的に男性経験の浅い私は、やはり当初警戒してしまって、簡単にはその声がけに応えなかったのですが、具合は悪くなる一方でそんな意地を張ってる場合じゃなくなっちゃって……。

結局、まだその日の宿を決めていなかった私は、すぐ近くの、彼らが泊まっているホテルの部屋で少し休ませてもらうことになりました。

（これって、私もうヤラレちゃうフラグ立っちゃってる……？）

混濁するアタマでそんなことを思いましたが、肝心のカラダのほうがいうことを聞かないのだから、もうどうしようもありません。彼らの部屋に通され、ベッドに寝かされると、すぐさま意識を失くしてしまいました。

そしてそれからどのくらい時間が経ったでしょう……気分も体調も回復し、スッキリとした頭で目を覚ました私は、自分が浴衣姿になっていることに気づきました。

（ってことは、彼らが私の服も下着も脱がせていったん裸にして、これに着替えさせたってことよね？　ああ、なんてこと……）

そうやって私がベッドの中でアワアワうだうだしていると、部屋のドアが開いて、私と同じく浴衣姿の彼ら二人が入ってきました。

「やあ、だいぶよくなったみたいだね。お腹すいた？　なんか食べる？」

「よかったらお酒もあるよ？」

「い、いえ……あ、あの……」

思考停止状態の私に対して彼らは矢継ぎ早に声をかけてきて……でも、私が満足に答えられないのを見ると、

「じゃあしょうがない。エッチしよっか？　もちろん悪いようにするつもりはないんだけど、これ、さっき撮らせてもらった画像……事と次第によっては、ネットにばらまいちゃおうかなーって……」

と言ってかざしてきたスマホの画面には、意識を失くした状態の私の裸体が映っていました。まさに万事休すって感じです。

「言っとくけど、君が眠ってる間に悪さしようと思えばできたんだよ？　でも、やっぱそれはフェアじゃないよな、一応了解をとってからってことで……な？」

片方がもう片方に確認すると、

「そうそう。君だってピンチのところを助けてもらった僕らに対して恩義があるでし

ょ？　その感謝の気持ちをカラダで示してくれれば、僕らは僕らでキレイなＯＬさんとの魅惑のアバンチュールっていうステキな想い出ができて……これってウインウインじゃない？」

と、なんとも不思議な理屈を述べながら、ベッドの上の私のほうににじり寄ってきて……いつの間にか彼ら二人とも私のすぐ間近まで迫っていました。

さすがの私も観念しました。

不幸中の幸いというか、彼らはどちらもムチャをするようなヤカラには見えず、きっと理性的に安全なエッチをしてくれるだろうと……そう判断した私は、おとなしくその要求を受け入れる決断をしました。そう伝えると、

「うふふ、賢明だね。君、キレイなだけじゃなくて頭もよくてよかった」

「ほんとほんと、前の子なんて結局レイプ同然になっちゃって、あと味悪かったもんなあ……ああいうのはもうゴメンだもんな」

などと言いながら、二人して私の浴衣に触れ、脱がせ、素肌を撫で回してきました。片方が乳房を揉みながら、乳首をクニュクニュ、コネコネとよじりたててきます。

「……あっ……は、ああん……」

思わず声が出てしまった私でしたが、同時にもう片方の彼から太腿の奥のアソコに

舌を差し込まれてチュパチュパ、レロレロと吸われ、えぐり回された日には、そんな程度じゃありませんでした。

「あ、あぁっ！　ひぃ……ひあっ、あん、あああっ……んあはぁ〜〜〜〜！」

自分でもびっくりするくらいの大声で恥も外聞もなく喘いでしまい、その変貌は一瞬、彼らも引いてしまうくらいでした。でも、すぐに笑みを浮かべると、

「なんだ、おとなしそうに見えて、けっこう淫乱だったんだね？」

「ああ、このギャップ、サイコー！　そうとわかったら、今日はとことん楽しもうよ！」

各自浴衣を脱ぐと、わっと一気に私のカラダに群がり、いきり立った体の固い部分をすり寄せてきました。それが乳房に触れ、乳首に触れ、腰に触れ、お尻に触れ、太腿に触れ……そしてぬかるんだアソコに触れ……してくると、それぞれの箇所が熱く淫らに火照り、見る見る性感が高まっていくのがわかりました。

「……んあっ、あ、ああ……はぁはぁはぁ……ああんっ！」

私は激しく喘ぎながら思っていました。

私は決して淫乱なんかじゃない。

でも、この長い自粛生活が、そんな私の中にさえたくさんの欲求不満を溜めさせ、

肉体を激しい欲望に狂わせてしまったのかもしれない。

唇を割って、固いペニスが口中にねじ込まれてきました。喉奥にまで達しようかというそれを、私は必死で吸い、舐め回し……息苦しい中にも、言いようのない興奮を覚え、アソコを疼かせていました。

「ああ、フェラ、気持ちいいよ……くうぅっ……」

「どれどれ……ほおら、やっぱりこっちももう大洪水だ！　ちゃんとゴム着けて入れてあげるからね……んっ、んん……ほらっ！」

「んあっ！　はぁっ……あがっ……！」

上の口と下の口を同時にふさがれ、それぞれを深く激しく犯され、愛された私は、もうたまらず口からペニスを放し、獣のように喘いでしまいました。

「あひっ……あっ！　あ、あ、ああっ……いい、あう……あああ〜〜〜っ！」

「うぐぅ、し、締まるぅ……ああ、お、俺もうダメっ……イクッ！」

ゴムを着けた状態で彼は私の中で思いっきり放ち、ニュルンと柔らかくなったペニスを抜き出しました。

「よし、今度はこっちだ……うっ、ううぐ……！」

そして入れ替わりにもう片方の彼の、一段と大きく固いペニスが挿入されてきて、怒濤のピストンが始まりました。

「んあっ、あ、ああ、あひ……んぁあああ～～～～っ！」

「くぅっ、最高！　チ○ポとろける～～～～～っ！」

そして、とうとうそのときがやってきました。

「あ、あ、あ、ああ……イ、イク～～～～～～ッ！」

私は、未だかつて感じたことのないようなエクスタシーに全身を包まれ、溢れまくる性感の海に溺れながら、オーガズムに達してしまっていました。

結局その後、夜中の三時まで三人でくんずほぐれつ愛し合い、からみ合った私たちでしたが、その関係はそれで終わりではありませんでした。

某ＩＴ企業に勤める彼らは私に合わせて有休期間を延ばし、五日目の最後まで一緒にいて、私を愛し続けてくれたのでした。

この間、私、両手の指じゃ全然足りないくらい、イかせまくってもらったんじゃないでしょうか？

身も心も完全リフレッシュ！

とても有意義な有給休暇を楽しめたというわけです。

■私は裕太朗の、あの当時とは違い雄々しく剝けきったペニスで胎内を突かれ……

禁じられた遊びに耽った私と従兄弟がいま再び!

投稿者 天野美久(仮名)/29歳/パート主婦

今年のお盆のときのことです。

私と夫と小一の息子の三人で、三年ぶりに私の実家へ里帰りしました。ええ、なにぶん北陸の片田舎なものですから、東京から来たなんていったら、ご近所で何を言われるかわかったものじゃなく、なかなか来れなかったのです。

大阪に住む弟のほうは仕事の都合で来れないということもあり、より一層両親は私たちの帰省を喜んでくれました。

着いたその日の夜は、久しぶりに母お手製の料理に舌鼓を打ち、翌日は早々にお墓参りに行き、お昼は私が小さい頃から慣れ親しんだ、北陸の人間なら知らない人のいない、ソウルフードともいえるラーメンチェーン店で皆でにぎやかに食事をとり……

さて、夜はどう過ごそうかと話しをしていたのですが、そこで思いがけないことが!

なんと夫が急遽、仕事の関係で東京に戻らなくてはいけなくなってしまったんです。

もちろん、私も一緒に予定を切り上げて帰ると言ったのですが、息子がどうしてもいやだと言って泣いてしまい、仕方なく夫だけが一足先に戻ることになりました。

「いいんだよ。たっぷりここでの夏休みを楽しませてやってくれ」

やさしい夫は息子のことをそう言うと、早速夕方発の特急列車で一人、東京へと向かいました。残念だけど仕方ありません。

するとその夜、私の帰省を聞きつけた従兄弟の裕太朗が顔を出しに来るということになりました。私と同い歳の、昔からよく一緒に遊んだ父の姉の息子です。でも正直、それを聞いて私は嬉しさ半分、とまどい半分という気持ちでした。

というのも、あれはたしか私たちが小六ぐらいだった頃、お互いにちょっとマセガキだった私と裕太朗は、いけない遊びに興味津々……親に隠れて双方の性器を手でいじくり合うという行為に耽ってしまったことがあったのです。もちろんまだまだ未成熟だった私たちはそれ以上の行為には及びませんでしたが、裕太朗はまだ剝けていない性器を精いっぱい固くし、私のほうも濡れないまでも、妖しくズキズキと疼くそのえも言われぬ昂りに、カラダを熱くしたのをはっきりと覚えていて……そんな生々しい記憶が甦ってきてしまったからです。その後も幾度となく彼とは顔を合わせましたが、これほどそのことを意識したことはなく……ひょっとしたら、人妻となって夫のいない状況で裕太朗に会うのは初めてというのが関係しているのかも……？

が、そんな私の心中など関係なく、その夜、裕太朗は奥さんと幼稚園児の娘を連れてわが家にやってきました。彼に会うのはかれこれ五年ぶりぐらいですが、私の想像よりもずっとイイ男に仕上がっていて、ちょっと驚いてしまいました。

それから夕食をとりながら皆で談笑するうちに、うちの息子と雄太郎の娘が、近所の神社でやっているお祭りに行きたいと言いだしたのですが、ビールをけっこう飲んでしまった裕太朗はダルいから行かないと言い、私も疲れているからちょっと……と、
結局うちの両親と息子、そして裕太朗の妻子の五人で行くことになりました。

先ほど書いたとおり、私のほうは裕太朗との間にちょっと複雑な空気感を意識していましたが、まさか向こうは何も気にしてはいないだろうと思っていました。

ところが。

二人きりになった直後、少しの間を置いたあと、彼はこう言ったのです。

「ねえ、美久ちゃん。あのときの続き……しない？」

「え？　あ、あのとき……？　何言って……」

と、一瞬しらばっくれながらも、彼のほうもすぐに私がちゃんとすべてを意識しているという空気感を感じとったようで、

「美久ちゃんも同じ気持ちなんじゃないの？　あのとき、何をどうすればいいのかよくわからなかったけど……すげー興奮したよね？」

と、囁くように言いながら、畳の上を私のほうににじり寄ってきました。

「……え、だ、だめだよ、そんな……私ら、もう子供じゃないんだから……」

「そう。子供じゃないんだから……やろうよ、ね？」

裕太朗の唇が私のそれに重なり、チロチロとうごめく舌がヌルリと私の口内に入り込んできました。そして私の舌をとらえ、からみつくとジュルジュルと唾液を啜り上げてきて……。

「だめ……ん、んんっ……う、うぐぅ……」

否応もなく甘く意識がとろけていく私に対して、彼はさらにTシャツの上から胸に触れてきました。もちろん下にはブラをつけていますが、そんなの関係なく、撫でさすり、揉んでくるたまらない感覚がビリビリと伝わってきます。

「ん……はぁ……」

裕太朗はいったん口を離すと、私のTシャツを頭から脱がせました。

そしてブラも外すと、乳房を柔らかく揉みしだきながら、乳首をニュロニュロと舐め回し、チュウチュウと吸ってきました。

「あん、はぁ、あう……」

そのやさしい愛撫に身をまかせ、感じ入るうちに、私の心は十七年前のあのとき、あの誰もいない物置小屋の中へと引き戻されてしまっていました。

何をどうすればいいかわからないけど、とにかくドキドキして心臓とアソコが爆発しちゃいそうなぐらい興奮して……。

「あ、ああっ、裕ちゃん、裕ちゃんっ……わ、私もっ……！」

喘ぐようにそう言うと、私は彼の短パンに手をかけ引きずり下ろし、もう準備万端、すごい勢いで跳ね上がり起きてきた勃起ペニスを摑み、激しくしごきながら、しゃぶり倒していました。

「ハァ……ああ、いいよ、美久ちゃん……」

そう言って、しばらく私のフェラの快感に身を任せていた裕太朗でしたが、そのうち私のスカートをめくり上げ、パンティを脱がすと、体勢を入れ替えてアソコにむしゃぶりついてきて……私たちはシックスナインの形になって、お互いの性器をヨダレやら愛液やらまみれになりながら愛し合いました。

そしてその後、私たちはひとつになりました。

裕太朗の、あの当時とは違い、雄々しく剝けきったペニスで胎内を突かれ、えぐられ、掻き回され……そして私も淫らに成熟しきった肉ひだをヒクヒクとわななかせながら、搾りあげるようにキツく喰い締めて……！

「あ、ああん！　いい、いいわ！　裕ちゃん、大好き〜〜！」

「くうっ……美久ちゃん、美久ちゃん……美久〜〜〜っ！」

お互いに叫び、呼び合いながら、どんどん昂っていくカラダはついに頂点を迎えて……完全にイキきった私の下腹部に、彼の濃厚なザーメンがたっぷりと吐き出されたのでした。

それから三十分後、皆がお祭りから帰ってきました。

何食わぬ顔でそれを出迎えた私と裕太朗でしたが、お互いに大昔にした忘れ物を取り戻したような、スッキリとした顔をしていたのだろうと思います。

■Aコーチのペニスは夫のモノより数段立派で、たくましいオスの力感に満ち溢れて……

男女七人の痴宴と化した子供のサッカー合宿の夜

投稿者 村上チサ（仮名）／33歳／専業主婦

私の小三になる息子は、地域の少年サッカーチームに所属しているのだけど、恒例行事として、学校の春休みと夏休み期間の年二回、二泊三日での他県への遠征合宿がある。他県チームとの練習試合二試合を中心とした強化施策だ。

それに参加するためには（参加しないと暗黙の了解として、まずその期のレギュラーにはなれない）一人五万円というかなりきつい費用がかかるのだが、それ以上に面倒くさいのが、必ず毎回三名の保護者（母親）が帯同して、合宿期間中のチームの世話係および監督・コーチ陣の補佐をしなければならないことだ。この場合、保護者は参加費が免除されるということだけど、噂によるとその代わりに、とんでもないお勤めがあるという……。基本的に参加した保護者には厳しく箝口令が敷かれているため誰も本当のことはしゃべらず、あくまでウワサの域を出ないのだけど……。

今年の遠征合宿でまんまと参加保護者として白羽の矢を立てられてしまった私は、

自分以外のあと二人のメンバーを見て、ああ、やっぱり……と、ウワサはやっぱり本当だったんだなあ、と遠い目をしてしまった。

アケミさん・二十九歳と、ハルナさん・三十一歳。二人とも今期の保護者の中では圧倒的に若くてきれいで……私も、自分で言うのもなんだけど、顔・カラダともかなりイケてるほうだっていう自負があって……そう、世話係・補佐という名目は、もっぱら監督・コーチ陣の『下半身』のため、と。そういうことだ。

わが家の場合、息子のサッカーについて熱心なのは完全に夫のほうなので、彼の中でこの遠征合宿に参加しないなどという選択肢は絶対にあり得ない。私は本当のことを言うわけにもいかず、「アイツのレギュラー奪取のためにも、お役目頼んだぞ！」という夫の真剣な言葉に、「う、うん……がんばるわ！」と、応えざるを得ないわけだ。

は～～～～あ、深いため息。

でも、しょうがない。息子のレギュラー奪取のため、夫の熱い想いのため、私は一肌どころか、身ぐるみ脱ぐべく覚悟を決めたのだった。

そして初日、昼過ぎに監督の運転するマイクロバスで目的地に着き、それから三時間の練習後、宿での入浴・夕食等を済ませ、夜の九時半、子供たちは就寝時間となった。でももちろん、保護者の真のお勤めはこれからだ。

　十時過ぎ、八畳の一部屋でくつろいでいた私とアケミさん、ハルナさんの三人に、監督・コーチ陣からお呼びがかかった。いわく『明日の練習試合における速やかかつ適切な運営、および進行フォーメーションについてのミーティング』……笑うわ。意味深な笑みを見せる私に、あまりことが見えていない二人は怪訝な表情を浮かべるけど、この期に及んで私が何か言うわけにもいかない。

「さ、監督さんたちをお待たせしちゃいけないわ。早く行きましょ？」

と私は言い、引率の先生のごとく二人を連れて、監督・コーチ陣が手ぐすね引いて待ち構える十畳の部屋へと向かった。

「おお、来た来た！　皆さん、お疲れ様！　まあまあ座って座って！」

入室すると、浴衣に着替えて完全な温泉客モードになってしまっている監督一人、コーチ三人の面々が、テーブルの上のビールを注ぎ交わしながら声をかけてきた。

「なんだあ、皆さん、浴衣じゃないのぉ？　しょうがないなあ……」

　監督は勝手に残念がりながら、私たちの座る場所を指示してきて、それぞれが監督・コーチ陣の間あいだに置かれる形となった。

「あのぉ、ミーティングは……？」

　場の雰囲気に違和感を覚えたらしくアケミさんがそう言ったけど、

「まあいいから、いいから！　まずは乾杯しましょ！　さあ、皆さん、我々にお酌してください！　そうそう……、はい、ありがとう！　じゃあ、かんぱ～～い！」

仲居さんのように扱われて、ハルナさんは不服そうだったけど、そんなレベルで腹を立ててたんじゃあ話にならない。これから要求されることを知ったら……と、私が複雑な思いでいると……唐突にことは始まってしまった。

「ほら、いうこと聞かないと、お子さん、レギュラーになれないよ～～？」

口々にそう言いながら、監督・コーチ陣が私たち保護者連に襲いかかってきたのだ。

「な、何言ってるんですか！　ちょ、ちょっとやめてくださいっ！」

アケミさんの半狂乱の言葉にも皆は動じることなく、寝間着代わりだろう、彼女の着ていたTシャツとジャージを引きむしっていく。

「いやいや、本気だよ。逆に言えば、おとなしくいうこと聞いてくれれば、レギュラーは約束されたも同然、ってことなんだけどな～～？」

監督の言葉に、アケミさんとハルナさんの目の色が、がぜん変わった。

「ほんとうに……うちの子がレギュラーに……？」

「ああ、ほんとうさ！　フォワードがいいかい？　それともミッドフィルダーかな？　キーパーでもなんでも、お望みどおりだよ」

私は内心、さすがにそこまで好き勝手はムリだろ、チームバランスってものがあるでしょ、と独りごちたが、完全に『レギュラー』という言葉に目が眩んでしまった彼女たちには魔法の呪文にしか聞こえないようで、今や抵抗するどころか、自ら服を脱ぎ、下着を取って裸身をさらし、男たちに覆いかぶさっちゃってる状態。

「おおっ、奥さん、巨乳～～っ！　おいしそ～～～～っ！」

押し倒され、上からのしかかれられて、嬉しそうにスケベ面を浮かべながら、たぷんたぷんと揺れぶら下がっている、ハルナさんの豊満な乳房に監督がしゃぶりつき、舐めまくってる。さらにそこに、Fコーチが自分の突き立ったペニスを差し出し、監督に乳房を吸われてるハルナさんにねちっこくしゃぶらせて。

代わってアケミさんのほうを見ると、Kコーチが彼女の下半身を剝き出しにさせて、パックリ開いた股間をジュルジュル、シャブシャブと舐めむさぼってた。

「あひっ、ひぃ、んあっ……くうぅ……はひぃぃ～～～～っ！」

アケミさんは背中をのけ反らせながら快感に悶え、その乱れとろけたアソコから垂れ流された大量の愛液が畳をしとどに濡らしていた。

彼女たちのそんな痴状を見せつけられ、正直、私の中にも意外なほどの昂りが芽生えていた。乳首がズキズキと疼き、アソコがジュワジュワと熱く潤んでくる。

ああ、そうね……ここまできたら変に斜に構えないで、息子のレギュラーの確約と同時に、日常とは違う、異常な興奮と快感を存分に味わわせてもらっちゃったほうが得かもしれないわね……。

そんな悟りにも近い（笑）キモチでいた私に、残る一人のAコーチがにじり寄ってきた。ぶっちゃけ、監督・コーチ陣の中では一番のイケメン＆いいカラダのメンズで、あれ、これが俗にいう『残り物には福がある』っていうやつ？（笑々）

「村上さん……三人の中で、あなたが一番イイ女だ」

ほら、見る目もあるし。

Aコーチは私の服を脱がせながら熱いキスをかましてきて、あっという間に私たちは互いの舌をからませ、唾液を啜り合い……混ざり合ったそれを大量に滴らせながら双方の上半身を濡らし、ヌラヌラとてからせていった。

「あふぅ……んっ、はあっ……あぁ……」

そのうち全裸になった私たちは畳の上に倒れ込み、シックスナインの体勢で互いの性器をむさぼり合って……。

Aコーチのペニスは夫のモノより数段立派で、はち切れそうに巨大な亀頭といい、太い血管の浮き出した竿といい、たくましいオスの力感に満ち溢れていた。

「ああ、私のマ○コに……これが欲しいわ」

「僕も村上さんの奥の奥まで突っ込んで……射精したいです」

「それはダメ。ちゃんとゴムつけてね」

私は大人の女のたしなみで彼を制しつつ、コンドームを装着してもらった上でその強靭な昂りを迎え入れ、存分に味わった。

「あはん、あ、あぁ……いい、んあっ、あああ〜〜〜っ！」

それは最高のセックスで、ここ半年ほどの間で一番感じちゃった。

その後、男女七人でくんずほぐれつの乱交状態に突入し、私はAコーチほどじゃないけど、それぞれ味わいの異なる三人の男との快感を愉しみ、満足することができた。

アケミさんとハルナさんも、かなりイキまくったみたい。

こうしてその翌日、練習試合&練習をこなした夜も、またド派手に痴宴が繰り広げられ、明けて三日目、一行は帰途についた。

さて、約束どおり今は、私とアケミさん、ハルナさんの息子たちはレギュラーの座につけているけど、この先も保証されるとは限らない。

果たして、再びのお勤めはあるのかしら？

■乳首を中心に発出してくる快感は、その甘美な疼きをどんどん増幅させていって……

新幹線の車中わずか十分の間に出くわした快感通り魔？

投稿者　有本佐和子（仮名）／25歳／塾講師

まあまあの規模で全国展開している、某中堅進学塾で講師として働いています。基本、東京にある教室が担当なのですが、ごくたまによその地区からのヘルプが入ることがあります。担当講師の急な入院とか、家庭の事情とか、理由はさまざまですが、欠員が生じたとき、ヘルプの講師は二泊三日とか、一週間の連泊とかいう形でそちらへ向かい、代わりに講義を担当するわけです。

私はこのヘルプの仕事が嫌いじゃありません。

独身の一人暮らしで気軽なのもありますが、些少ながら出張手当も出るし、それに何といっても、私、列車でも飛行機でも、とにかく旅が好きなんです。お気に入りの場所へ何度も足を運ぶのも楽しいですし、まったく知らない地方へ行くのも新鮮でスリリングでワクワクしちゃいます。

でも、つい先月の名古屋へのヘルプ旅のときに起こった出来事には、かな〜りまいっちゃいました。

その日、私は朝の八時台という早い新幹線ひかりに乗り込みました。かなり急なヘルプの指令を受け、名古屋校で行われる午後イチからの講義を受け持たなければならなかったからです。

私が座席についたのは発車時刻の五分前でした。

週のど真ん中の平日朝の下りということで車内は空いており、それを見越して指定をとらず自由席車両に乗ったのは正解でした。私は一番のお気に入りの場所である、進行方向から見て一番後ろ、出入り口ドアのすぐ脇にある二人掛け座席の窓側に座りました。乗客皆の視線が進行方向に向かっている中、それとは真逆のこの席が車両内で一番、人目を気にしなくてもいい位置だから好きなんです。

発車時刻の車内アナウンスがあり、電車が動き始めました。

と、そのタイミングでドアが開き、一人のスーツ姿の男性が入ってきました。キョロキョロと車内を見渡していましたが、次いで私の姿を認めた途端、彼は驚くべき行動をとりました。

私のすぐ隣りの席に座ってきたんです。

(ええっ、こんなにガラ空きなのに、なんで⁉　座席指定ならわかるけど、ここ、自由席車両だよね？　イミフなんですけど〜〜〜〜〜〜〜！）

私は改めて、キャリーバッグを網棚の上にドッカと上げると、ストンと座席に落ち着いて美味そうにペットボトルのお茶を飲み始めたその男性の横顔を、非難を込めたまなざしで睨みつけました。

いや、理屈ではわかりますよ？　自由席なんだからどこに座ろうと乗客の自由だって。でも普通、このシチュエーションでここに座りませんよねえ？

私の鋭い視線を感じたのか、彼は顔を私のほうに向けてきました。

そして、とんでもないことを言ってきたんです。

「うーん、近くで見るとますます可愛いな。オレ、山田っていいます。さっきホームで一目見た瞬間にキミのこと好きになっちゃって、思わず追いかけてきちゃいました。迷惑でした？」

「あ、当たり前…………」

と、私が思わず声を張ろうとした瞬間、山田と名乗ったその男性は、腕をするりと私の背中に回し、反対側の私の胸の辺りを服の上からむんずと掴んできました。

「ひっ…………！」

私はあまりのことに思わず息を呑み、それまであった怒りの気持ちに代わって、ひんやりとした恐怖に囚われてしまいました。

（こ、この人……異常者だ！）

そう思って改めて見ると、人の好さそうな彼の笑顔は、言いようのない狂気をはらんでいるように見えました。

（さ、逆らったら、何をされるか……刺されちゃうかもっ……！）

一度そう思ってしまうと、もうダメでした。私の中の恐怖はどんどん大きく膨らんでいき、声は喉で凍り、体は金縛りにあったかのように固まってしまい……、

「お、おねがい……いうとおりにするから……殺さないで……」

私はひそめた声でそう言いました。

「そんなこと、するわけないでしょ？」

彼は笑顔でそう言いましたが、私はもう、そんな言葉を鵜呑みにできないほど、心身ともに束縛状態でした。ただ黙って彼の顔を見つめていると、

「とっても可愛いキミと、ただ仲良くなりたいだけなんだからさ」

彼は相変わらずの笑顔で、でも、背中から回り込んだ右手はもぞもぞと私のスーツの上着の裾から内側に潜り込んでくると、器用に白いブラウスのボタンを外してきました。プチ、プチ、と前が開いていくに従い、私の肌が覗き、薄ピンク色のブラジャ

ーがその姿を現していきました。

「うわ、胸もけっこう大きいんだね。可愛い顔とのギャップがたまんないよ……」

次第に鼻息を荒くしながら彼はそう言い、ボタンを全部外し終わると、そのまま手を後ろからブラウスの内側に這い上らせ、ブラのホックを外してしまいました。こぼれ落ちそうになるブラのカップを、私は背を丸めるような姿勢になることで辛うじてキープしましたが、ブラカップと乳房の間にはそれなりの隙間ができてしまい、もうポロリ危機一髪というかんじです。

そこへ彼は、嬉しそうに両手の指を這い込ませてきました。

身をよじるようにして、ブラが落下して乳房が露出するのを必死で阻止しようとする私の努力をあざ笑うかのように、彼の指が左右両方の乳首をとらえ、コリコリ、クニュクニュ、キュウキュウといじくり、もてあそんできます。

「……んんっ、ん、んふぅ……く、うぅ……………」

体に無理にヘンな力が入っていたからでしょうか、恐怖に凝り固まりながらも、私は信じられないことに、感じてしまっていました。乳首を中心に発出してくる快感は、そのズキズキと甘美な疼きをどんどん増幅させながら、私の全身へと広がっていきました。そしてやがてそれは、私の下腹部の奥の秘めやかな部分にまで達し、ジュワジユワ、カーッと熱い淫液が滲み出し、溢れかえってくるのがわかるほどでした。

「うふふ、可愛くてエッチで、とてもいい子だ。さあ、じゃあ今度はオレのにも触ってもらおうかな。キミの魅力のおかげで、今にも爆発せんばかりにもうビンビンだよ」

彼にそう言われ、私はまるで催眠術にかかったかのように手を伸ばし、たしかにパツンパツンに張り詰めたスーツのズボンのチャックを下ろしていました。そして中から取り出した、怖いくらいに凶暴に勃起したペニスを取り出すと、しばらくしごいたあと、彼に乞われて顔を伏せ、口に咥えていました。そしてごく自然に舐め、しゃぶり、吸い……依然として乳首を責められ続けていた私は、それだけで二回ほども達しながら、その後ほとばしり出た彼の大量の白濁液を飲み下していました。

「ふう、とってもよかったよ。また会えるといいね」

彼はそう言うと、そそくさと席を立ち、新横浜の駅で降りていきました。

ちなみにこれら一連の出来事、品川から新横浜までの、わずか十分ほどの所要時間の中で起こったことなんです。

信じられます？

■先生の固く大きく立ち上がってきたオチン〇ンが、私の下腹部をヌルヌルと……

大好きな先生と脅迫エッチした私の忘れじのエロ武勇伝

投稿者　渡瀬富美加（仮名）／28歳／看護師

これは今から十一年前、私がまだ高校二年生だった頃の話。

私は家出して、とある場所に転がり込んでいた。

それは、私のクラスの担任の日村先生の家。

当時、私は言葉に言い表せないくらい日村先生のこと好きで、先生のことを想うと勉強は手につかない、夜も眠れない、ごはんもまともに喉を通らないという、それはもう完全な『ビョーキ状態』だった。

で、もうどうにもその想いを胸にしまっておくことができなくて、日村先生宛てに手紙を書いたのね。

「先生のことが大好きです。愛してます。セックスしてください。結婚してください。そうしてくれないと、あたし、死んじゃいます！」って。

で、もちろん、先生からの返事は、ノー。

『富美加の気持ちは嬉しいし、僕も富美加のことが大好きだ。でも、それはあくまで教師としてであって、男としてじゃない。申し訳ないけど、富美加の気持ちに応えることはできない。これからもあくまで教師と生徒として、楽しく実りある日々を過ごしていこう』

まあ、教科書どおりの答えよね。

でも、私の想いはそんなことで萎えたりはしなかった。

逆に燃えたわ。

こうなったら、どんな手をつかっても先生を落としてやるって。

で、ある夜、身の回りの荷物をまとめて、いきなり先生が一人住まいをしてるアパートの一室に押し掛けたわけ。

「先生があたしの想いを受け止めてくれるまでは、絶対に帰りません。ってゆーか、受け止めてくれないなら、先生に拉致されて悪いことされたってウソついて、先生の人生、メチャクチャにしてやります！」

それはもう、はっきり言ってただの脅迫。

でも、こうなるともう、男なんて弱いもの。電車で「チカン！」と言われたら、実際にはしてなくても、有罪判決受けたも同然……それと同じで、先生は観念したみたいだった。ただし、条件つきで。

「わかった。でも、一回だけだ。一回だけ、富美加の望みどおりセックスしよう。それで納得してくれ。それでもいいなら……」

私は、とりあえずそれで承知した。先のことなんかわからないけど、とにかく先生に抱いてほしかったから。

でも、ここじゃまずいということで、私たちは先生の運転する車でアパートを離れた。そして二十分後、着いたのは一軒のラブホだった。

チェックインした後、部屋に入ると、順番にシャワーを浴びることになった。

でも私は、先にバスルームに入った先生が出てくる前に、フライングで中に乱入してた。もうどうにもガマンできなかったの。

「お、おい、富美加っ……！」

「えへへ、入ってきちゃった！　てへペロ」

当時、今現在の私と同じ二十八歳だった日村先生は、男子サッカー部の顧問をしてて、もちろん自身もサッカー経験者で、一七八センチある全身の筋肉が引き締まった、とてもステキな体をしてた。私が想像してたとおりだ。

一方の私はというと、身長は一五八センチで決して大きなほうじゃなかったけど、カラダの発育はよくて、八十六センチのGカップのバストにはちょっと自信があった。

「ん……先生……」

私は、突然の私の闖入にまだ固まったままの先生のほうに近づいていくと、ぴたりと先生に密着し、背伸びして自分の乳房を先生の胸の辺りに押しつけていった。しっかりとした先生の胸筋の反発力が、私の柔らかい乳肉を跳ね返してくるような感触が、なんだかとても気持ちよかった。

「……あん、先生……んくぅ……」

私はそう言いながら上体をくねらせ、互いの胸がより深く、濃密にからみ合い接するようにして……ああ、あたしの乳腺もビンビン気持ちよくなってきた……。

「う、うう……ふ、富美加っ……」

日村先生のほうもかなり昂ってきたみたいで、そう喘ぎながら、固く大きく立ち上がってきた股間のオチン○ンが、私の下腹部をヌルヌルとさすってくる。

「先生の……しゃぶってみても、いい？」

「え、ええっ？　い、いいよ、そんなことしなくても……」

って言われたけど、私は構わず前にひざまずいて、オチン○ンを咥えてた。エッチな動画やなんかから得ただけの拙いテクニックだったけど、気持ちだけは一生懸命で……先生を感じさせたいっていう、ひたすら純粋な思いでしゃぶり、舐め、吸ってた。

「……あ、ああ……富美加っ、いい、気持ちいいよ……」

頭上からそんな、先生の甘くかすれた声が聞こえてくると、私のほうもカラダの芯のほうがズキズキ感じてきちゃって……そのまま浴槽の縁に腰かけ、大きく両脚を左右に広げると、先生がその前に屈み込んで……、

「あっ、ああん、はっ……あうぅ……んあっ！」

ペロペロ、ヌチュヌチュと、ぷっくり膨らんだクリトリスを舐めついばみ、グッショリと濡れ乱れてきたヴァギナの肉ひだをしゃぶり吸ってくれた。私はそのあまりの気持ちよさに、思わず背をのけ反らせすぎて、あわや浴槽の中に落っこちてしまうところだった。

「富美加、もうベッドに行こうか？」

「うん、先生。行こ」

そこで私たちはお互いの体をザッとシャワーで流すと、バスタオルで体を拭く暇も惜しんで、ビチョビチョに濡れた格好のまま、もつれ合うようにベッドに倒れ込んだ。

そして改めて、お互いの裸体を頭から足先まで、むさぼり合い、味わい合って……。

いよいよ私のテンションも最高潮に高まり、

「ああん、先生、きてっ……きてきてっ！」

日村先生をきつく抱きしめてそう懇願すると、先生は「ああ、わかった」と言い、ベッドサイドにあったコンドームを手にとり、それをまったく衰えていないビンビンのままのオチン○ンにしっかりと装着した。

「そんなのナマのままでいいのに。先生の赤ちゃん、欲しいから」

そう言うと、「ばか」と頭を小突かれた。

次の瞬間、熱くて固くて太い肉感が、私の柔らかな肉ひだをズブリと貫き、グイグイと奥まで突き進んできて……！

「んあぁぁっ……あ、せ、先生！　す、すごい……あ、あああぁっ！」

私は夢にまで見たその時間を、先生の肉体を、思う存分楽しみ、感じまくって……そして達してた。

もちろんそのとき、すでに処女じゃなかったけど、あんなに感じたのは初めての経験だった。その後私はおとなしく家に帰り、普通の高校生活を無事にまっとうした。

それは、大好きだった先生との忘れがたい思い出。

■私は久しぶりに肉奥で味わう快感の美味に、大きく背をのけ反らせて悶えよがり……

大阪出張の目的は大好きなセフレとの再会エッチ！

投稿者　脇谷つぐみ（仮名）／33歳／OL

私は食品加工会社で営業の仕事をしています。結婚していて、小学校一年生の息子がいます。

先日、関西地方の営業担当者が交通事故にあって骨折してしまったため、

「今週末、誰か代わりに新商品のプレゼンに行ってくれる人、いないかなあ？」

と課長が皆に声をかけたとき、私は間髪を入れず、

「あ、行きます、行きます。私、行きます」

と手を挙げていました。

「えっ、脇谷さん、ご主人もお子さんもいるのに大丈夫？　泊まりがけの出張になるよ？」

課長はそう言って、家庭のことを気にかけてくれましたが、

「大丈夫です。行かせてください」

と、私は快諾していました。

その日の夜、帰宅すると夫に、さも迷惑そうな口調で報告しました。

「ほんと参っちゃうわ、急に一泊で大阪に行ってくれだなんて……でも、他に行けそうな人がいなかったから仕方なくて……ごめんね」

「まあ、しょうがないさ。賢太のことは心配するな。二人で俺の実家のほうへ泊まりに行くから。おまえは気兼ねなく大阪出張してこいよ」

「うん、ありがと！」

とか言って、いけしゃあしゃあとウソをついて。

若干の良心の呵責がありましたが、しょうがありません。

これで大手を振って、大阪にいるセフレに会いに行けるのですから。

ああ、考えただけでアソコがビチョビチョに濡れちゃうわ……。

セフレとは、つい二ヶ月前までうちの会社にいた、二才年上の正樹のことで、今は転職して大阪の製菓会社に勤めているのですが、それまでは月に一、二回はセックスを愉しんでいた間柄だったんです。

夫はやさしくていい人なんですけど、エッチのほうはほんとに淡泊で……夫婦の営みは二ヶ月に一回あればいいほうという有様で、プチ淫乱の私としては大いに不満！

それを、精力絶倫&濃厚プレイが大得意の正樹との関係が補ってくれていたというわけなんです。でも、彼の退職&大阪行きでそれも叶わなくなって……正直、身も心も落ち込んでいたときの、課長からのまさかの一声だったんです。

プライベートで大阪に行くのは家庭的にも経済的にもなかなか難しいけど、社命とあればそれもノープロブレム！　大義名分はあるわ、交通費をはじめ諸経費は会社が出してくれるわで、これは何としてでも自分が行かねば！　と思ったわけです。

そして金曜の朝に出発して大阪に着くと、午後イチから取引先会社での新商品プレゼン&商談打ち合わせを行い、夕方からの懇親食事会を持ったあと、夜の九時すぎ、いよいよ待ちに待った正樹との再会となりました。

「あ〜ん、正樹ぃ、久しぶりぃ！　会いたかったわぁ！」

「ああ、俺もだよ」

ホテルの部屋に入るなり、正樹は私の背中をドアに押しつけるようにしてキスし、舌をからめながらジュルジュルと唾液を啜り上げてきました。そして同時に私のスカートをたくし上げると、ストッキングとパンティをこじ開けるようにして、アソコに指を滑り込ませてきて……。

グチュグチュ、ヌブヌブ、ヌチュチュチュ、ジュブ……彼が私の中で指を掻き回すのに合わせて、あられもなく淫らな音が響き渡り、内腿を熱い液体が伝い落ちます。

「うわぁ、すごいな！　俺に会えなかった二ヶ月分のエッチな果汁、たっぷり溜め込んでやがる。ほんとおまえ、淫乱だなあ！」

正樹がねちっこく意地悪ぶった口調でそう言うと、私のほうもさらに淫乱エンジンに火がついてしまいます。

「あ～ん、そうよ、そのとおりよぉっ！　あなたに会えなかったおかげで私のココはもう決壊寸前よぉ！　早く早く、責任とってよおぉ！」

そう言いながら体をズルズルとずり下げていき、彼の前にひざまずくと、ズボンのベルトを外し、ジッパーを下げ、恋い焦がれたペニスを剝き出しにしました。それはもう充分に勃起していて、パンパンに赤黒く張り詰めた亀頭の先端からは既に透明な樹液が滴っていました。

「ンン……ンジュ、ジュブ……ジュルジュル……」

私はそれを舌でねぶり回しながら啜り舐め、次第に喉奥まで深く呑み込んでいくと、スピードを増しながら勢いよく上下にしゃぶりまくっていました。

「あ、ああ……んあっ！　あ、ああ……さ、さすが、おまえのフェラはほんと一級品だよ……あ、やべっ、俺もここのところちょっとご無沙汰だから、溜まっちゃってて今にもイキそうだよ……タンマ、タンマ」

正樹は慌てて私の口からペニスを抜き取ると、改めて服を脱ぎ始め、私もそれに合わせて裸になっていきました。

そして二人とも全裸になり、いよいよベッドへ。

「あ、シャワー浴びなくてもいいかい？　俺、今日けっこう汗かいたけど」

「そんなのいいわよ！　汗も脂も匂いも……久しぶりに正樹のすべてを味わわせてちょうだい！」

「ああ、俺も望むところだ」

二人そう言い合うと、抱きしめ合い、からみ合いました。

お互いの性器はもちろん、胸からお尻の穴、脇の下、背中、太腿、足の裏……と、体中隅々まで舐め合い、むさぼり合って……そのすべてがこの上なく美味でした。

そうやってたっぷり一時間ほども、お互いの体をお互いの汗と唾液と性液まみれにして高め合ったあと、いよいよひとつになる時間がやってきました。

仰向けになった私の両脚の間、極限までトロトロに蕩け、グチョグチョに濡れた秘穴に、彼がこれまた極限まで固く大きくいきり立った肉棒をあてがい、少し入り口で馴らすように滑らせたあと、グプ、ヌプププ、ジュブブ……と押し入ってきました。

「……んあっ、はぁっ、あ、あああぁ……」

その久しぶりに肉奥で味わう、快感の美味に、私は大きく背をのけ反らせて悶えよがっていました。

ああ、これよ、これ！　これがずっと欲しかったの！

私はいつしか、彼の魅惑のピストンのリズムに自分から乗っかっていき、その快感度数は何倍にも乗じていくようでした。

「ああっ、いいっ！　あっ、あ、ああ……あ～ん、正樹、サイコーよ～～～っ！」

「んあっ、あう……ああ、つぐみ……お、俺もいいよっ！　ん、んくうっ！」

「ああ、イクイク！　んあああっ、あ……正樹もイッて～～～！」

「あ、ああっ……つぐみぃ～～～～っ！」

一瞬大きく全身を震わせたあと、彼は私の中に大量の精を注ぎ込み、私もそれをむさぼるように胎内で飲み下していました。

ものすごく気持ちよかったけど、もちろん私、これ一回で満足することなんてできるわけがありません。ものの五分と経たず正樹の股間にむしゃぶりつくと、一段と激しくねっとりとしゃぶって、再び勃起を獲得しました。

「今度は私が上になって愉しませてね」

そう言うと騎乗位の体勢になり、上から彼のモノを咥え込みながら、顔を下げてキスしました。そしてそのまま唇をむさぼって唾液を啜り上げながら、腰を上下動させて抜き差しを繰り広げたんです。

「……んっ、ん、んっ……んぐふぅ……」

「んぐふっ、うっ、ううぐ……」

お互いの口をふさぎ合っての結合は、かしましくよがり声をあげながら交わるよりも、なぜか深く官能的で……私たちはさっきの三分の一ほどの所要時間で、二度目のクライマックスに達していました。

その夜は、あともう一回してから、残り時間は二人でまったりといちゃつき合い、抱き合いながら眠りにつきました。

翌朝、駅のホームで正樹に見送ってもらいながら大阪をあとにした私。

次は一体、いつ会い、いつ愛し合えるのかしら？

■彼のバイブ使いはまさに名人ワザで、私のクリトリスを舐め上げるように刺激し……

まさかの快感キャッチセールスに身も心も幸福に蕩けて

投稿者 白根美久（仮名）／23歳／専門学校生

私がつい先日体験した、ウソのようなホントの話、聞いてください。

その日は日曜日で、私はカレシとのデートの待ち合わせのために、いつもの喫茶店に約束の時間よりも五分早く向かい、席に着いていました。

ところが、それから十分経ち、十五分経ち……なんと三十分が過ぎてもカレシは現れず、よほどこっちから怒りの電話をかけてやろうかと思ったんですが、それもなんか悔しいなあ、と。はらわたを煮えくり返らせながら座ってたんです。

と、そこへ声をかけてくる人がいました。

「あの、ちょっといいですか？」

「……はい？」

見るとその人は、きちんとスーツを着込み、アタッシュケースを手にした、三十歳前後のまっとうそうなサラリーマンのように見えました。

「実は私、ある商品の営業の仕事をしてまして……俗に言うセールスマンですね。で、こんなに可愛くて魅力的なのに、明らかに待ちぼうけを食らわせられてしまっているあなたのことが、どうにも気になっちゃって……つい、声をかけさせてもらった次第で。ご迷惑でしたか？」

「いえ、迷惑だなんてことは……」

実際、彼はとても感じがよかったし、私をすっぽかしたカレシへの腹いせの気持ちもあって、少し話してあげてもいいかも、という気分になっていました。私のこと、可愛くて魅力的って言ってくれたし……。

「ありがとうございます。じゃあ、ざっくばらんにお話ししますね。私、さっきセールスマンだと言いましたが、実はこういうものを売っているんです」

彼はそう言いながら、アタッシュケースを開けて素早く中身を見せてくると、またすぐに蓋を閉じました。ほんの数秒ほどのことだったので、そのあまりにも意外な中身に、私は自分の見間違いかと思ったほどでしたが……。

「そう、私が売り歩いているのは、いわゆるアダルトグッズ。昔なら大人のオモチャといったものですね」

彼の言葉に、「やっぱり」と思うと、急に顔に血の気がきざしてきて、私は慌てて席を立とうとしました。そんないかがわしいものを売りつけようとしてたなんて……！

「あ、びっくりさせてしまったようなら申し訳ありません。よろしければあともう少しだけ話を聞いてやってもらえませんか？」

彼は立ち上がりかけた私の手をとると、いたって真剣な顔で言いました。その目があまりにもまっすぐだったもので、私は気を取り直して再び着席しました。

「ものすごく真面目な話、私はすべての女性に気持ちよく、幸せになってもらいたいという想いのもとに、アダルトグッズを売っています。だから、今のいかにも不幸そうな顔をしたあなたのことが、とてもじゃないけど見ていられなくて……」

「……はあ……」

彼の言うことはわかるけど、だからって私にどうしろと……？

私が怪訝な気持ちをこめて目で訴えると、彼は毅然とした声で言いました。

「これから二人でホテルに行って、商品のお試しプレイをさせてもらえませんか？言っておきますが、私のアダルトグッズの使いこなしスキルとテクニックは、その辺の男性とは比べものになりませんよ。自社製品への百パーセントの自信と理解度に裏打ちされたプレイで、必ずやあなたをこれまでの人生で最高の快楽の高みに昇らせて差し上げますとも！」

彼の熱気に満ちた口上を聞いているうちに、私の内部でもなんだかメラメラと官能の炎が燃え盛ってきてしまうようでした。

「ね？　思う存分感じて、幸せになりましょう！　なに、実際に商品を買うかどうかは、あなたの判断次第でけっこうですから！」

今やすっかり彼に煽られ、乗せられてしまっている自分がいました。

彼に喫茶代を払ってもらった私は、そのまま街中を手を引かれて歩き、十分ほど後、小ぎれいなホテルに連れていかれました。

そして彼にシャワーで汗を流すよう促され、サッパリして浴室から出てくると、彼がブリーフ一丁の姿で待ち構えていました。

「言っておきますが、私自身は絶対にあなたに挿入することはしません。パン一になるのも、あくまであなたをより効果的に可愛がるのに動きやすいようにです」

律儀にそう言うと、私をベッドの上に導くべく手を差し伸べてきました。

そして晴れて二人ともがベッドの上に上がると、彼は全裸の私を仰向けに横たわらせ、囁いてきました。

「いやすごい。実際に脱ぐと、ここまで魅力的でセクシーなカラダだとは思わなかった……こんなすばらしい彼女に待ちぼうけ食わせるカレシなんて、ほんと大バカ野郎だなあ」

　彼は、私が置かれていた状況をすっかりお見通しのようで、そうなだめるような口調で言い、そう言われることで、私の彼に対する信頼度と、セクシャルなテンションはますます上がっていくのでした。

「さあ、まずはやさしく小手調べといきますよ」

　彼は私の真横に添い寝するような格好になると、小さなピンク色の楕円形の器具を取り出し、スイッチを入れて軽く振動させながら乳首周辺に這わせてきました。円を描くように中心に近づき、遠ざかりという動きを繰り返しながら、それでも実際に乳首に触れることはなく……私はその絶妙に意地悪な快感の波に翻弄され、どうにもたまらなくなってしまっていました。

「……あ、ああ……んっ……も、もう……」

「ん？　もう、何？　乳首に直接欲しい？」

　んもう！　そんなもろに聞かれると、恥ずかしくって答えられないよお……と、悶々としていると、彼はニヤリと笑ってフェイント的にいきなりピンク色の振動を乳首に触れさせてきました。

「ひゃうっ……！」

私はその瞬発テロのような快感に思わず叫び、それから続いて乳首にまとわりつくような濃厚快感にトロトロに蕩けてしまいました。

「さあ、上がここまでビンビンに反応してるとなると、下のほうもさぞかし……ほらあっ、オマ○コもグチャグチャに乱れてしまってますよ！」

「……いやぁんっ！　言わないでぇっ！」

「うっふふふ……さあ、こっちにはもっと太くてすごいのをあげようねえ」

そう言うと、なんと彼はピンクの振動を私の両方の乳首に粘着テープで貼り付けて刺激を保ったまま、新たに取り出した極太のバイブレーターをウインウインと振動させながら、ニチュニチュとワレメに沈み込ませてきました。

「ひぃっ……はぁっ、ああっ……んあぁっ！」

彼のバイブ使いはまさに名人ワザで、私のクリトリスを舐め上げるように刺激し、肉ひだの一枚一枚を丁寧にほぐすように責め立てて……乳首への攻撃もあいまって、確かにさっき彼が言ったとおり、私はこれまで味わったことのない快楽の渦に呑みこまれていってしまうようでした。

そうやって昂りまくった挙句、とうとう私は自分から手を伸ばして彼のブリーフの前部分に触れ、揉みたて、おねだりしてしまっていましたが、その刺激に応えて固く反応しながらも、彼の意志は揺らがないようでした。

「ああん、お願い、オチ○ポ欲しいのおっ！　ちょうだいぃ！」

「残念ながら、それはできません。代わりに最後に超最高に気持ちイイ仕上げを施してあげますからね」

彼はそう言うと、少し小ぶりのバイブを取り出し振動させると、それを私のアナルへと突き入れてきました。両の乳首とオマ○コとアナルと……悶絶の快感四点責めが私の官能中枢に一気に襲いかかり、私は幾度となく失神を繰り返しながら、この上なく幸せな恍惚の境地へと呑み込まれていったのでした。

「じゃあ、今日使ってくれたもの、すべて買います。全部でおいくらですか？」

「いやいや、けっこう高いですよ。無理はなさらないで。満足して幸福感を感じてもらえたなら、それで私は十分満足ですから」

ということで結局、一番太いバイブを一本だけ購入した私。

カレシに待ちぼうけさせられたおかげで、思わぬ超絶快感体験が味わえて、こりゃむしろ、ヤツに感謝しないといけないかも？

■男のピストンは鋼のような熱い力感で、何度も何度も私の淫肉を穿ちえぐって……

日常の死角で犯され悶えたハプニング・エクスタシー！

投稿者　野村萌香（仮名）／31歳／専業主婦

猛暑でもまったく食欲が落ちない、良くも悪くも健康優良児体質の私……当然、食べた分だけしっかり身になっちゃって、最近、脇腹とか下っ腹の育ちっぷりがマジやばいの。

そのことを仲のいい主婦トモの佐伯さんに話したら、

「そんなときは、何といってもウォーキングが一番よ！　一回につき一時間も歩けば十分なカロリーを消費できるから、とってもヘルシーに痩せられるわよ」

と助言してくれて。

「でも、どの辺、歩けばいいんだろ？」

「ああ、それも簡単、簡単。野村さんって普段クルマで移動してばっかじゃない？　今度はそのコースを自分の足で歩いてみたらいいのよ。いつもクルマを運転して通ってる道だからおおまかには土地鑑があって安心なうえに、そこを実際に徒歩で歩いてみると、思わぬ発見や面白さを見つけられて、けっこう楽しいものよ」

なんだって。なるほど、なるほど。

で、その週末、夫も残業で帰りが遅いということで、私は初めてのウォーキングにチャレンジしてみることにした。

時刻は夜の八時を回っていたが、周辺道路は交通量も多く、街灯の明かりも豊富なので、恐れや不安を抱くほどではなかった。

それどころか、確かに佐伯さんが言っていたとおり、普段クルマでしか通ったことのないルートを自分の足で歩いてみると、

「ええっ、ここにこんな抜け道があったんだ！」とか、

「ほおっ、こんなところにこんなかわいい神社が！　こりゃお参りすると何かご利益があるかも？」

みたいな感じで、なかなか新鮮で楽しくて。

私は調子に乗った余り、どんどん横道へそれていってしまった。

そんなこんなで四十分ほども歩いた頃だっただろうか、ふと気づくと、私はまったく見覚えのない道に迷い込み、人気のないうら寂しい場所に出てしまっていた。

「ええっ、この辺りにこんなよくわかんない場所があるだなんて……ちょっと、聞い

てないよ〜〜っ！」

さすがの私もビビり、恐れおののいていた。

早く早く、人気のある明るいところに出なきゃ……。

が、しかし、時すでに遅かった。

私は背後から忍び寄ってきた何者かによって体を羽交い絞めにされ、口の中にもハンドタオルのようなものを突っ込まれて、声を封じられてしまった。

「……んんっ、んぐふ、うううぐ……」

「ふっふっふ……よりによってこんな場所に迷い込んじまったのが、あんたの運の尽きだったな。ちょうどこの辺りは周囲の人気のある場所から見事に死角になった、魔のデッドゾーンなんだ。誰も助けに来ないし、この際、開き直ってあんたも楽しんだほうが利口ってもんだぜ」

そのいかついガタイで背後から私をホールドし、着ていたTシャツの上から両胸をまさぐってきながら、相手の思惑はもう明らかだった。

私、完全に犯されそうになってる……しかもまさか、普段クルマで毎日のように走ってる当たり前の場所で！

まさに日常の中の思わぬ落とし穴だった。

相手のグローブのような分厚い手が、私のTシャツをたくし上げて。胸のほうに這い上り、力任せにブラジャーを外してしまった。

「おおっ、ふっくらモチモチ、最高の揉み心地のパイオツだぜぇ！　ほらほら、あんたもたまらなく感じるだろ？」

そう言いながら乳房を撫で回され、乳首をコリコリとよじり上げられて、私もいつしか否応もなく感じ始めていた。

「んあっ、はぁ……んぐっ、んぐふぅ……」

「ほらほら、もうこっちのほうもさぞかし……」

とうとう相手の手が、私のジャージの前部分を下着もろともこじ開けて、恥ずかしい股間に向けて突っ込んできた。力任せに淫らな柔肉を蹂躙し、あられもなく掻き回して……！

「んひっ、んふぅ……んあぁぁぁ！」

「おお、こりゃマジすげえや！　あんたのマ○コ汁、俺の手をドロドロに溶かさんばかりに大量漏出中だぜ！　いきなりこんなスケベ女と出くわすなんて、人生何があるかわからんな～～～」

「……んんっ、ん、んんぅ……」

「えっ、なんだって？　そろそろマ〇コにチ〇ポ入れてほしくて仕方ないって？　おー、おー、わかったわかった。ちょっと待っとけよ？」

そ、そんなこと……言ってないのに……。

でも本当に？

じゃあ、私のこの淫肉のヒクつきは一体何？

エイリアンの強酸の血なみに、熱く沸騰する愛液のたぎりは一体何？

「さあ、お待たせ！　オマ〇コ、チ〇ポでグジャグジャに犯しまくってやるぜ！」

とうとう完全に剝き出しにされ、毒蛇の凶悪な鎌首のようにもたげられた相手のペニスが、私の股間の入り口にあてがわれ……そして、一瞬の間のあとに凄まじい勢いで、肉割れを刺し貫いてきた。

「……んんんっ、あぐぅ……ふぅぅぅ！」

「おお、すげえ締め付けだぁっ！　チ〇ポ、食いちぎられちまわんばかりの迫力だぜぇっ！　んあっ、あ、おおう～～～～」

そう言いながら、男のピストンは鋼のような熱い力感で、何度も何度も私の淫肉を穿ち、全身を揺さぶってきた。

「んく、ぐぅ、ううう……ああ、もう出るぜ……出そうだ……」

ああ、あたしも……もうイキそう……ああ！

「うくぅ……いくぜ、ぶっぱなすぜぇっ！」

あ、ああああ……イク〜〜〜〜〜ッ！

激しいオーガズムとともに、私はいつの間にか気を失ってしまっており、目覚めたときには、無様に脱ぎ乱れた姿で道端に横たわっていた。

ウォーキングでカラダを絞るつもりが、おまけにＳＥＸエクササイズまでしっかり楽しんじゃって……私、きれいになりすぎちゃったら、どうしよう？

第二章

快楽の限界を超えて

■柔らかな気持ちいい潮風になぶられた剝き出しの乳首はツンツンと突き立ち……

大好きな海で二人組の強姦魔に襲われ感じさせられて

投稿者 山内詩織（仮名）／25歳／ショップ店員

それは、怖くて、痛くて、でも……それまでに味わったことのないような衝撃的なエクスタシーを感じさせてくれた出来事だった。

駅併設のショッピングビル。

その中の、女性向けファッションのセレクトショップでの勤務を終えたあたしは、「お疲れさまでーす」と守衛さんに挨拶しながら、従業員用出入り口から表へと出た。夜の九時半頃だった。

このくらいの時間になると、この辺は人出もめっきりなくなり、暗くて寂しいので、あたしは一人住まいのワンルームマンションへの十分ほどの道のりを、急ぎ足で歩いていた。

と、後方からゆっくりとした車の走行音が聞こえてきた……と思ったら、いきなりすぐ脇で車が止まって後部座席のドアが開き、私はタオルのようなもので口をふさがれながら、ものすごい力で車内に引きずり込まれてしまった。

それは、ほんの十秒ほどの間の出来事。

何が起こっているのかわけがわからず、動転するあたしだったけど、しっかりと口をふさがれてしまっているので声をあげることもできず、体も明らかに屈強な男の手で背後から羽交い絞めに押さえ込まれてしまい、どうすることもできない。

バタンとドアが閉められると、すぐに車は発進した。

同時にあたしはアイマスクで目隠しされて、周囲の何も見えなくなった。

明らかに異常な状況でありながら、誰も声を発することはなく、走る車内にはヒリヒリするような静寂と緊張感が満ちていた。

わかっているのは、車を運転する男と、あたしを羽交い絞めにしている男……二人によって、あたしはどこかへ連れていかれようとしているということだけ。

何の目的で、あたしはいったい何をされようとしているの？

頭の中を疑問が、胸中を恐怖と不安が満たす一方だけど、もちろん訊くことも、答えてもらうこともできない。

それから一時間ほどが経った頃だろうか。

開いている窓から潮の香りが入り込み、波の音が聞こえてきた。

海だ。海に来てるんだ。

こんな状況だというのに、あたしは胸が高鳴ってしまった。だって、海が大好きなんだもの。でもこの夏は、すっかり浮かれまくってる周囲をよそに、やっぱりまだ感染症が怖くて、海に行くことができなかった。行きたくて仕方ない反面、まだまだ不安が拭えなくて……。

だけどこうして、実力行使（？）で連れて来られてしまった日には、それはもう不可抗力。ぐっと抑え込んでいた海への想いが一気に高まり、あたしのテンションは密かに爆上がりしてしまい……。

「おや？　こいつ、笑ってるぜ？　いきなりさらわれた恐怖で頭がおかしくなっちゃったかな？」

「え？　……あ、ほんとだ。ヘンなの。まあ、いいんじゃね？　泣き叫ばれるよりはさ。さあ、ここまで来れば誰にも見られることもない。やるか？」

「おお、たっぷり犯しまくってやろうぜ！」

ああ、やっぱりこいつら、あたしをレイプする目的でさらったんだ。

二人の会話を聞きながら、ようやくあたしもその現実を悟っていた。

でも、さっきまでは恐怖と不安しかなかったのが、今は違う。

大好きな海にいるという喜びと興奮が否応もなく心身を満たし、恐怖と不安を隅に押しやってしまう。

そうこうしているうちに車が止まり、ドアが開けられた。

がぜん大きく、濃くなった、波音と塩の香りで、砂浜の波打ち際がもうすぐそばにあるのがいやでもわかった。

車外へ引きずり出されたあたしは乱暴に投げ出され、サンダルのヒールが深く砂に埋まったかと思うと、つんのめって倒れ込んだ。

相変わらず目隠しはされたままなので何も見えないけど、二人の男の手が私の体にかかり、服を脱がされていくのはいやでもわかった。

「……あっ、あぁぁ！」

乱暴に服を引きむしられる勢いで男たちの体が激しく当たり、思わず苦痛の叫びをあげてしまうものの、そこにはもう恐れの響きはない。

そう、あたしは身も心もすっかり解放され、昂ってしまっていた。

柔らかな気持ちいい潮風になぶられた剝き出しの乳首はツンツンと突き立ち、その先端に向かって快感がほとばしるようだ。それを武骨で大きな手に摑まれ、揉みしだかれ、吸いつかれ……、

「ひあっ！　あ、あああ……んあぁぁっ……！」

「お、おおっ！　やっぱこいつ、感じてやがる！　なんだなんだ、こんなかわいい顔して、実はド淫乱ってか？」

「ああ、まちがいねぇよ！　ほら、こっちのほうも大洪水で、俺の手を奥まで呑み込んじまいそうだぜ！」

そう、あたしはアソコの中も太い指で掻き回され、自分でもその大量の滴りがわかるほど、熱く粘つく体液を垂れ流してしまっていた。

「くう～～～～、たまんね～～～～～～！」

「このエロエロ女がぁ～～～～～！」

二人そう言って、さんざんあたしのカラダをもてあそびまくったあと、おもむろに口の中に肉棒を突き入れてきた。かなりでかくて、激しくズコズコと出し入れされると唇の端が切れちゃいそう。

「んん～～、クチマ○コ、いい具合だあっ！　ああ、いいぜ、ううううっ！」

「くそ、俺ももうガマンできねえ！　先に入れさせてもらうぜ！」

四つん這いになって、膝立ちになった一方の肉棒をしゃぶっているあたしの背後から、もう片方が尻肉を掴みながら別の肉棒を挿入してきた。こっちもなかなかの大きさで、ズンズンと力強く貫いてくる。

「……んぐふ、ふぅ……んふっ、ぐふ、うぶっ……！」

大好きな海。その心地いい砂浜の波打ち際で、前後から串刺し状態で犯されまくっているあたし。ああ、もう気持ちよすぎておかしくなっちゃいそう……。

「くうっ……だめだ、もう出るっ……！」

そう呻いて一方があたしの中で射精し、あたしはその炸裂するような温もりを胎内で感じた。するともう片方もあたしの口から抜いた肉棒を、仰向けに押し倒したあたしの中に突っ込んできた。

「んあっ、あっ、ああ〜〜〜っ！」

そしてほどなく、あたしもたまらずイッてしまった。

その後、あたしはエクスタシーの余韻と疲労感で眠ってしまったようだ。気がつくと再び勤め先の近くの路上で横たわっていた。

大好きな海で強姦魔二人組に犯された、忘れようにも忘れられない思い出だ。

■チカンは勃起してパッンパッンにはち切れきったアレを無理くり引っ張り出して……

乗り間違えた電車でまさかの快感寸止めチカン体験

投稿者 永野芽衣子（仮名）／30歳／OL

その日は朝からもう気分はサイテー！

出がけに夫と、夫の浮気を巡って大ゲンカしてしまい、ムシャクシャした気分のまま夫よりも先に家を出て、会社に行くために最寄り駅へと向かったんですけど、あまりにも頭にきすぎていたせいか、間違っていつもの各停とは違う急行電車に乗ってしまいました。

あちゃー、まいったなこりゃ……会社のある駅は各停で五つ目だけど、急行は六つ目の駅までノンストップで、そこで下りて逆方向に一つ戻ってたんじゃ、もう完全に遅刻です。開き直るしかありませんでした。

ただしもちろん、急行は各停に比べて数段混み合っていて、ぎゅう詰めの立錐の余地もない状態。私は深いため息をつきながら、なんとかドア脇の戸袋位置に身を収め、周囲の乗客からの圧迫状態を少しでも緩和しようと努めました。

（とりあえず、あと十二～十三分の辛抱よ。逆方向の各停は空いてるわ）

私はそう思いながらバッグからスマホを取り出すと、仲間内のＬＩＮＥのやりとりを確認し始めました。

とそのとき、私は妙な感触を覚えました。

スカートの上からもぞもぞと太腿を撫でさすられるような……。

えっ、これってまさか……チカン⁉

ハッとして、スマホから目を上げて正面を見ると、スーツ姿のすごい大柄な男性が私に覆いかぶさるようにして立っていました。身長は優に一九十センチ近く、横幅もあって、体重はひょっとしたら百キロを超えているかもという巨漢で、周囲の人からの私への視線をほぼシャットアウトしてしまっているようなかんじです。

そんな彼が、身長一六十センチちょっとしかない私を真上から見下ろしながら、長くてごつい手で太腿を……。

「この人、チカンです！」と、声をあげて訴えるどころか、私は恐怖のあまり完全に固まってしまいました。きっと周りの人たちにしても、もしこの現場を見ていたとしても、彼の威容に恐れをなして手も足も出ないのじゃないでしょうか？

大きな影で私を頭から包み覆いながら、彼はいやらしいニヤケ笑いを浮かべつつ、もう一方の手で私の胸に触れてきました。まだ秋口ということもあって、私はカップ付きのブラトップキャミソールの上に薄手のニットを羽織っただけという軽装で、ニットを掻き分けて触れてきた彼にとっては、感触としてほとんどノーブラかと思われたんじゃないでしょうか？　カップ付きとはいっても、胸への締め付け感を極限まで軽減したそれは薄く柔らかく、それでいて絶妙のバランスで乳房をホールドし、揺れを抑えるという優れもののソレは、逆にそのハイクオリティが仇となって、外から触れるともう『ナマ乳感』がハンパないのです。

ほら、案の定、私の胸に触れ揉んできた相手の目が、淫猥な驚きにギラリと輝き、がぜんその行為をエスカレートさせてきました。

太腿に触れていた手も上がってきて、今や両手で私の左右の乳房をムニュムニュ、グニュグニュと揉みもてあそんでいます。

ああそして、逆もまた真なり。

そのナマ乳を揉んでいるような超絶フィット感は、そうされているほうにとってもまた同じで、チカンの手姦がもたらす感触のすべてがほぼダイレクトに私にも伝わってきて……否応もなく感じてしまったんです。

乳房の柔肉を、つきたてのお餅のようにこね回し、揉み転がし、乳首の突起を摘みたてのブドウのようにキュウキュウと搾り立てて……。

「……んっ、んぅ……んくっ……！」

必死で抑えていたのに、私は思わず呻き声をあげてしまいました。

見も知らぬ相手からチカン行為されるという恐怖感、嫌悪感以上に、はしたなく性感が反応してしまったのです。

それを見て、相手は嬉しそうにニヤけながらも、小さく首を振って（シッ、静かに）という感じで私をたしなめてきました。でもそうしながら裏腹に、淫靡な行為はさらに攻め込んできました。

右手は変わらずキャミソールの上から胸をもてあそびながら、逆の左手をスカートの内側に侵入させてくると、パンストを穿って直に私の下腹部に触れてきて……！

「…………ッ、ひぃ……！」

恥毛を掻き分けられ、女性器上部の肉豆をなぶられた私は、そのあまりにも甘美な感触に、思わずまた声を出してしまい……だってしょうがないんです。触れられた感覚で、ソコがもう既に勃起し、濡れてしまっているのを私は知りました。こんな状態で声をあげるなというほうが、土台無理な話です。

「……はぁ、はぁ……ふう、んふぅ……」

それでもなんとか必死で息を荒げる程度に己を抑えつけ、私は耐えました。

とにかく、電車が駅に着くまでの辛抱よ。あとどのくらいかしら？　五分？　四分？

スマホで時間を確認する余裕はありませんでしたが、車窓の風景から現在位置を推し量り、あと三分ほどで着くはずと見当をつけました。

（がんばれ、私！　こんなとこでイッちゃダメよ！）

さらにエスカレートして、濡れた肉ひだを掻き回してくる相手の指の攻撃をしのぎながら、ひたすら耐え忍ぶ私。

ところが……！

次にチカンが繰り出してきたのは、思いもよらぬ攻撃でした。

なんと彼は、ズボンのジッパーを下げると、薄い生地のボクサーショーツに覆われながらも、明らかに勃起してパツンパツンにはち切れきったアレを無理くり引っ張り出し、その熱くみなぎった昂りを私のアソコに押しつけてきたんです。

そして薄い生地一枚越しにグイグイとえぐり立ててきて……！

（あ、ああっ！　こ、こんなの、ほとんどチ〇ポ入れられてるみたいなもんじゃないのおっ！　た、たまんないっ！　んあぁっ……）

その淫らで灼けつくような行為に感じさせられまくりながら、私は心の内では激しく喘ぎヨガリつつ、それでも必死で声を抑え、ガマンしました。

するとそのとき、とうとう車内アナウンスが駅への到着を告げました。

電車が減速していく中、ようやくチカン行為も終わり、彼はズボンのジッパーを上げました。私も息を整えながらスカートの乱れを直しましたが、濡れたままのアソコの気持ち悪さはどうしようもありません。

そして電車が駅に到着すると同時に私は降車し、逆方向への各駅停車に乗り換えました。遅刻の言い訳をあれこれと考えつつ、でも一方で私は、ろくでもないことを思っていました。

とりあえず、こんな中途半端な状態、ガマンならないわ。こんなことになったのも元はと言えばダンナのせい……今夜はその罪滅ぼしと仲直りもかねて、たっぷりと肉体奉仕して悦ばせてもらわないとね。

■彼は私の股間に顔を埋め、真っ赤にとろけ乱れた肉ひだを吸い、しゃぶり……

亡き親友の遺影の前でその夫との官能にまみれ溺れて

投稿者 滝沢ルナ（仮名）／32歳／出版社勤務

その日、韓国での取材旅行から帰ってきた私は、それなりの手荷物を携えたまま、空港から一直線に、親友（だった）エリカのマンションへと向かいました。

（だった）というのには理由があって、エリカは四日前に亡くなっているのです。乳がんでした。

韓国で訃報を聞いた私でしたが、まさか自分がチームリーダーを務める今回の書籍企画の取材を投げ出して日本に帰国するわけにもいかず、泣く泣くお通夜も告別式も参列することができませんでした。

そんな経緯があって、仕事を終え帰国するや否や、とにかく一刻も早くエリカの霊前にお線香をあげたいと、残されたご主人に連絡をとって承諾を得て、彼女の自宅マンションへと向かったわけです。

私が到着するとご主人……いいえ、ユウヘイは、「わざわざご苦労様。きっとエリカも喜ぶよ」と言って出迎えてくれましたが、そんな私と彼のあいだには何とも言えない微妙な空気が流れていました。

実は、エリカと結婚する前、ユウヘイは私と付き合っていたのです。どちらかというと私のほうがユウヘイにぞっこんで、「エリカと結婚することになったから、ルナ、別れてくれ」と言われたときは、あまりのショックと悲しみで自殺まで考えたほどでした。でも、一方でエリカのことも大好きだった私は、彼女の幸せも考えてバカな考えは思いとどまり、ユウヘイと別れて二人の結婚を祝福し、友人づきあいを継続させる道を選んだのでした。

どうにか私のそんな気持ちも落ち着き、三人の間のバランスも安定してきた……そんな矢先のエリカのがん発症と、死でした。

納骨はいつになるかわからないということで、私は、白い布で覆われたエリカの骨壺とその脇に飾られた遺影に向かって合掌し、お線香をあげました。

「……ルナ、ありがとうな。俺たち、おまえを裏切るようなことをしちまったっていうのに、こんなに気にかけてくれて……」

ユウヘイは正座して目を閉じ、こぼれる涙を拭おうともせず、私に向かって言いました。もともと正直でやさしい心根がひしひしと伝わってきて、私の心の琴線を震わせました。

……でも、だからこそ、私の心中でメラメラと燃え上がるものがありました。

ああ、私、やっぱりユウヘイのことが好き！

好きで好きで……たまらないっ！

そう、まだ亡くなって間もないエリカの霊前だというのに、私はその夫であるユウヘイへの熱い恋情を再燃させてしまったのです。

「あ、ごめん、そういえばお茶も出してなかったね。今、用意……」

そう言って立ち上がろうとするユウヘイに、私は思わずすがりついていました。彼はしばらく正座していた影響で足が少し痺れていたようで、他愛なくへなへなと畳の床の上にへたりこんでしまいました。

「ル、ルナ、ちょっと何してんだよ……？」

動揺を隠せない声でそう言ったユウヘイでしたが、何とはなしに私が発散する危ういオーラを感じ取ったらしく、その目には恐れのような色がありました。

「ユウヘイ……わたし、今でもユウヘイのこと、大好きなのっ！　ねえ、わたしたち、もう一度やり直せない？　ねっ⁉」

「ルナ、おまえ、こんなときに何言ってんだよ⁉　エリカの目の前だぞ⁉　彼女に悪いと思わないのか？」

ジリジリと私に覆いかぶさられながら、彼は震える声でそう言いましたが、

「エリカは死んだの！　もうこの世にいないの！　大事なのは、わたしら生きてる人間でしょ？　わたしはユウヘイのことが大好きで、もう一度やり直したい……ねえ、ユウヘイはどうなの？　わたしのこと、もう好きじゃないの？」

「ルナ、まだオレは……頼む、ムチャ言わないでくれっ！」

「ほら、あなたのためなら、こんなことだってできるよ！　こうされるの、ユウヘイ大好きだったよね？」

私は彼のズボンを引きずり下ろし、パンツも脱がせると、かれこれ三年ぶりに目にする愛しいオチン○ンにむしゃぶりつき、亀頭から竿からタマタマ、そしてアナルまで舐め回し、吸いたて、愛撫しまくりました。

「あくっ、うう……ル、ルナッ……だ、だめだって……！」

言葉ではそう言いつつ、ユウヘイは無理くり私の行為をやめさせようとするわけでもなく、オチン○ンをビンビンにおっ立てながら、目を閉じて恍惚とした表情を浮かべていました。

そりゃそうです。

私は彼と付き合っている間ずっと、彼の一番敏感な性感帯はどこかを探し、どうすれば一番悦んでもらえるかを研究し……彼の官能のすべてを知り尽くしているのですから。いったん私の手にかかれば、気持ちはいざ知らず、カラダのほうは拒絶できないに決まってます。

「あ、ああ……ルナ、あ、ああ……や、やめて……くれ……」

「いやよ、やめないわ」

私は下半身を責め立てながら、上半身のほうにも手を伸ばし彼のシャツのボタンを外すと、乳首をコリコリといじくりなぶりました。

「……んくっ、うう……あ、ああっ……」

思惑どおりに乳首が勃起してくるのを確認すると、私も服を脱ぎ上半身をさらし、剝き出した乳房を彼の肌になすりつけながら、ペロペロ、カリカリと乳首を舐め、甘嚙みしつつ、オチン○ンを激しくしごき立ててました。相当感じているらしく、後から後から滲み出してくる先走り液で、もう亀頭から竿、玉袋までダラダラ状態……赤く充血してパンパンに膨らんだ亀頭は、今にも破裂しそうな勢いです。

「ああ、ユウヘイ、お願い……わたしのオッパイも吸って……舐めてぇ……」

昂る性感テンションのままに私がそう言うと、もはやすでに、ユウヘイが躊躇することはありませんでした。ガバッと身を起こした彼は、残っていた衣服を脱ぎ、私の服も全部むしり取ると、お互いに全裸になった状態で、満を持して私のカラダに躍りかかってきたのです。

そして、私のおねだりに応えて両の乳房を摑み、激しく揉みしだき、撫で回しながら舐めしゃぶり、固く勃起した乳首をちぎれんばかりの勢いで吸い立ててきました。久しぶりのユウヘイ印の快感が全身を駆け抜け、私は弓のように大きく背をのけ反らせながら、すっかり濡れ乱れている股間の肉ひだを彼のたくましい太腿になすりつけ、ニュルニュルと肌上を滑らせました。

「あっ、ああ、いい……いいわぁ、ユウヘイ……！」

するとそれに応えるかのように彼は私の股間に顔を埋め、真っ赤にとろけ乱れた肉ひだを吸い、しゃぶり、食み……これでもかと可愛がってくれて、もう、私の快感テンションは最高潮に達していました。

「ああ、もうだめ……ユウヘイ、早く……早くこれをっ……！」

私が彼のオチン〇ンをギュッと摑んでそう訴えると、彼は一瞬エリカの遺影に目をやり心苦しそうな表情をしたものの、すぐにそれを振り切るように熱く固い肉棒を私の肉壺目がけて突っ込んできました。

本当に、待ちに待った愛しの一撃でした。

「あっ、あぁぁ……あん、あう……あああ～～～～っ！」

「う、うう……ルナのここ、とっても熱い……キツイよ……あうっ！」

彼の堰を切ったような怒濤のピストンに、私もまた獲物をとらえる軟体動物のような必殺の淫動で応えて。そんな狂おしいまでの攻防を十分あまりも繰り広げたあとに、いよいよクライマックスが迫ってきました。

ユウヘイのピストン運動が限界まで高まり。

私の淫らな肉動が最後のわななきを振るい。

「あ、ああ……イ、イク～～～～ッ！」

私はその瞬間、遺影のエリカと目が合っていました。

ごめんね、エリカ。

でも、人生は生きている人間のためにこそある。

これから私、あなたの分までユウヘイのことを愛し続けてみせるわ。

■彼はバックからズイズイと黒く太いイチモツを白い尻肉に抜き差しして……

久しぶりの旅行は温泉ナンパで淫らに弾けまくって！

投稿者　村沢玲央（仮名）／28歳／パート主婦

仲のいいパート仲間と、先週末に一泊二日で温泉旅行に行ってきました。このコロナ禍が始まってから、実に丸三年ぶりの旅行です。

この間、コロナのおかげで夫の会社が倒産し、ほどなく再就職できたはいいものの給与等待遇面では条件がぐっと悪くなり、おまけに私の飲食店パートの時給も下がっちゃったものだから、かなり生活が厳しくなる中で家庭内の雰囲気もギスギスしていく一方。それは夫婦生活のほうにも大きく影響を及ぼしました。お互いの気持ちが寄り添わないことには、私も夫もどうにもセックスする気が起きなくて……まだ結婚三年目だというのに、セックスレス状態に陥っちゃったんです。

経済的には困窮するわ、夫はまだ慣れない仕事で疲弊するわ、家庭内の空気は悪いは、欲求不満は溜まるわ……もう最悪でした。

でもそれも、ようやくここ最近になって明るい兆しが見えてきて、わが家の生活状況は改善されてきました。多少なりとも家計に余裕が出てくると、やはり気持ちも軽くなってくるものですね。夫のほうは仕事が忙しくなってきて、まだてんやわんやですが、私のほうはそんなわけで、パート仲間との久しぶりの息抜きを楽しもうという話になったわけです。

パート仲間はユイさんといい、ちょいポチャ体系のとってもキュートな、私と同じ二十八歳の人妻さん。実は私たち、一見まるで双子の姉妹かと見間違われるほど姿形が似てて……ぶっちゃけ、ちょいポチャ巨乳シスターズ（笑）ってかんじ？

そんな二人が向かった先は、地元から電車で二時間ほどの比較的近場の温泉地でしたが、風情たっぷりでとてもよいところでした。

泊まった宿が、今年で開業五十年という、これまた味わい深い木造のふるびた温泉旅館でしたが、女将さんや仲居さんたちの接客もすばらしく、とてもいいところでした。私たちは自室で、心のこもった美味しい夕食をたっぷりといただいたあと、待望の温泉浴場へと向かいました。

心地のいい温泉に浸かりながら、ユイさんと和気あいあいと話していると、なんと隣りの男湯のほうから声がかかってきました。ほんの二メートルちょっとの高さの塀で仕切られているだけなので、双方の音が丸聞こえだったんですね。

「こんばんはー。すみません、ついついお話が聞こえちゃったんですけど、僕たちもお二人と同じ、二人組の仕事仲間なんですよー。よかったらこのあと、親睦の意味で皆でちょっと飲みませんか？」

「えーっ、それはやっぱり、そちらのルックスを見てから判断しないとねー」

思わぬ温泉ナンパにちょっとテンションの上がったユイさんが、塀のあちら側に向かってそう返事すると、「そりゃそうだー！」という楽し気な答えが返ってきて、私たちはがぜん、いい雰囲気に包まれました。私は内心ドキドキしていました。これって、一緒に飲むだけで済まないよね？　ひょっとしたら、ひょっとする？

でもまあ、それこそあちらさんの顔を見てみないことには始まらないか？（笑）

結果、温泉から上がり、浴場の前でついに顔を合わせた男性二人組は、私たちより少し年上で、仕事の出張で来ているとのことでしたが、これがまた感じのいい、見た目もなかなかイケてるメンズでした。

私とユイさんは、無言のアイコンで「これは、アリね」と、お互いの意思を疎通させていました。

それからロビーの自動販売機で缶ビールを六、七本買い込んだ私たちは、結局、メンズ二人の部屋で飲むことになりました。今もたぶん一生懸命働いている夫に対して後ろめたさを覚えつつも、次第に盛り上がってくる気分を否定できませんでした。

そして乾杯し、あれやこれや楽しく話し、テンション高くビールを酌み交わしていくうちに、場の雰囲気は変わってきました。

皆それなりに酔いが回り、口数も少なくなって……アルコールで火照った肌が何気に触れ合い、トロンと濁った眼を見交わすうちに、ついにメンズの一人がユイさんを抱き寄せると、キスし始めました。チュバチュバと湿った音をたてながら唇を吸いしゃぶって、同時に浴衣の襟もとに手を差し入れると、彼女の豊満な乳房に触れていって……彼の浅黒く武骨な手に揉みしだかれる白い肉毬は、それはもうエロチックで、私もがぜん昂ってしまいました。

「玲央さん……」

ハッと気づくと、もう一人の顔が私のすぐ目の前にあり、覆いかぶさってきて私を畳の上に押し倒すと、浴衣の襟ぐりをガバッと開いて鼻面を突っ込んできました。そして乳房に激しくむしゃぶりつきながら、チュウチュウと乳首を吸いたて、ベロベロと舐め回してきて……！

「んあっ、はぁ……あん、あはぁっ……！」

夫とセックスレスになってから、実に半年ぶりに味わう男におっぱいを吸いしゃぶられる快感……ああ、たまんないっ！

いったん火がついてしまった私の欲求不満ボディの高揚は、もう止まりませんでした。下のほうに伸びて股間をまさぐってくる手を拒絶することもなく、自ら両脚を大きく開いて積極的に迎え入れてしまいます。彼の指が二本、三本……と入ってきて、クリトリスをこねくり回しながらヴァギナをこれでもかと掻き回された日には、もうカラダの奥底から快感がほとばしり、溢れ噴き出す愛液を止めようがありません。

「あはっ、あん、ああ……ひっ、ひあ、あん～～～～」

私は激しく喘ぎながら、ふと気づくと体勢を変えた彼の股間がすぐ目の前にあり、思わず咥えてしまっていました。シックスナインの格好でお互いの性器をこれでもかとしゃぶり合い、味わい合って……そのとろけるような官能に酔いしれていると、もうすっかり全裸になったユイさんともう一人の彼が、完全に結合している姿が目に飛び込んできました。彼は、大きく張り出したユイさんのたっぷりとした白い尻肉をしっかりと両手で摑み、バックからズイズイと黒く太いイチモツを抜き差ししています。

「あ、ああ、ああん……んあッ、イイ、イイわ……感じるぅ～～～！」

ユイさんは自分でも腰を振り立てながら、汗と愛液を飛び散らせつつ肉棒を受け入れ、あられもなくヨガりまくっていました。

さすがの私ももうガマンできません。力任せにこっちの彼の体を押し転がして仰向けにさせると、すかさずその上にまたがり乗り、自ら騎乗位で極太の肉棒を咥え込んでいきました。そのミチミチとしたきつい肉圧がたまらない快感をもたらし、私は無我夢中で激しく腰を上下動させてしまいました。

「あん、ああ、あひ……すごいっ！　ん、んああ〜〜〜っ！」

「んああっ、か、感じる……もうイッちゃう〜〜〜〜っ！」

激しく喘ぎ呻く私とユイさんの嬌声は、淫らなハーモニーとなって部屋中を満たし、そこに彼らのクライマックスの声音がからみ合わさってきました。

「う、うう〜〜〜っ、オレももうダメ……で、出るっ！」

「うぐ、う、うう……くはぁぁぁあああっ！」

私とユイさんが真っ白に気をやる中、彼らは寸でのタイミングで巧みに膣外射精してくれました。とても嬉しい思いやりでした。

ほんと、最高のモヤモヤ発散旅行となり、大満足の私たちだったのです。

■私は涼真のオチン○ンを食いちぎらんばかりの勢いで自ら抜き差しして……

コロナで自宅療養中の夫がいるすぐそばで不倫相手と…！

投稿者　湊かえで（仮名）／34歳／OL

「今日、会えないかなあ？」

「ごめんね、無理なの……実はつい一昨日、うちのが新型コロナ陽性になっちゃって、今、自宅療養中でしばらく家にいるのよ。だから……」

「ええっ！　そいつは気の毒に……症状はあるの？」

「うん、けっこう激しく咳込んでて、熱もかなりあるの」

「そっか……待てよ。ってことは必然的に、きみもダンナの看護のために仕事休んで家にいなきゃならないってことか」

「そうね。少なくともここ何日間かは……」

「なるほど、そいつは面白そうだ」

「えっ、どういうこと？」

「俺がお姫様のために、これからそっちに行ってあげるっていう話さ」

「はあ？　ちょっとあなた、何言ってるの⁉」

　私の問いに答えることなく電話は切れ、それから二時間後、電話の相手だった私の不倫相手・涼真がうちのマンションにやってきた。

　まだドアは開けず、インタフォン越しに私は、周囲に聞こえないよう声をひそめて彼を詰問した。

「涼真、ちょっとあんた一体何考えてんのよ？　ダンナがいるっていうのにうちに来るなんて……バカなの？」

「バカとはまたご挨拶だなあ。とりあえずこんな玄関先じゃなんだから、ドアの中に入れてくれよ。そしたらちゃんと説明するからさ」

　しょうがなく、ロックを解いてドアを開け、彼を中に入れてあげた。

　そしたら彼、いきなり狭い玄関口で私を抱きしめ、強烈にキスしてきて。

「……んあっ、はぁっ……んふぅ、うう……くはっ……！」

　私ったら、いつもの激しく濃厚、そしてテクニカルな涼真の舌戯に翻弄されて、息も絶え絶えに悶えとろけちゃいながらも、なんとか気を取り直して言った。

「んもう、ちょっと、やめてよ！　ほら、ちゃんと説明してくれるんでしょ？　早く！」

「わかった、わかった。で、ダンナは今どうしてるって？」

「うん……さっきまでは熱も四十度近くあって、かなり苦しそうだったんだけど、薬のおかげもあってかだいぶ落ち着いてきたわ。つい今しがた眠ったところよ」

「お～っ、そりゃまた理想的な展開！　願ったり叶ったりだな」

「な、何それ？」

「それはつまり……こういうことさ！」

　涼真は再度私の体を抱きしめると、引きずるようにしてリビングへと連れていった。そしてソファの上に私を押し倒すと、Ｔシャツをお腹のほうからめくり上げて、ブラを外してしまった。そしてＴシャツからはみ出した私の下乳をムニュムニュと揉みしだいてきた。ああ、いつもながら絶妙の快感タッチ……私はそのあまりの心地よさに身も心もとろけそうに……なるところを、どうにか踏ん張って、改めて涼真に言った。

「はいはい、もういい加減、ちゃんと説明してよね！　うちのダンナがコロナで寝込んでるっていうのに、一体なんであなたはわざわざここまで来たわけ？」

「……だって、いいかんじにスリリングで興奮しね？」

　彼の説明は、最初よくわからなかった。でも、

「考えてもみろよ。自分のダンナや嫁がすぐそばにいるところで、違う相手とエッチ

するなんて、チョー興奮して感じちゃうと思わね？　でももちろん、そんなシチュエーション、ヤバすぎて普通はできねえわな？　ところが、そのダンナや嫁が病気で臥せってるうえに意識朦朧状態ときたらどうだ？　バレて激怒されてとっちめられる心配はなしで、すぐそばにいるドキドキハラハラ感だけを楽しみながら、安全にいつもの何倍ものエクスタシーを味わえるって寸法だ。な、よさそうだろ？」

という理屈を聞いてるうちに、たしかにそう言われてみればそうかも？　と思えてきちゃうのだから不思議だ。

「ほら、きみのここもこんなに激しく反応して、そうだそうだって同意してるよ？」

涼真はそう言いながら、私のビンビンに固く突き立った乳首を指先でコリコリ、キユッキユッとよじりこね回してきた。

「んあっ、はっ……ああん……そ、そんなっ……」

と、とりあえず口では反論めいた物言いをしつつ、たしかに私はたまらなく昂ってしまっていた。これまで、涼真が言ったようなシチュエーションでエッチすることを夢想したことこそあれ、現実にはできるはずもなかったことが、今まさに行われようとしている……私はそんな興奮のるつぼに呑み込まれながら、自らも彼の股間に手を伸ばしてジーンズのチャックを下ろし、下着の上から中身を擦りつつ、その熱いいきり立ちの迫力にうっとりとしていた。

涼真のほうも片手を私のパンティの中に突っ込み、見る見る汁気を湛えていくソコをネチャネチャといじくっていたが、とうとう限界を迎えたようで、やおらガバッと身を起こすと私の服に手をかけ、またたく間に全裸に剝いてしまった。そして自分も息せき切って服を脱ぐと私に躍りかかり、二人は互いに上下逆さのシックスナインの体勢でからみ合った。

涼真が鼻面を私の股間に突っ込み、ジュバジュバとあられもない音をたてながらクリトリスを啜り上げてくる。そしてそのまま、のたくる舌先が濡れた肉ひだを掻き分けながら膣内部をえぐり回してくるものだから、私のソコはたまらず乱れただれ、溢れ返らんばかりの淫汁の海と化してしまう。

「んあっ、あ、ああっ……りょ、涼真ぁ～～～っ！」

私はそう喘ぎ悶えながら、自分のほうからも彼の肉棒に喰らいつき、太く固い竿を握りしめてキチキチに満ち膨らんだ亀頭を咥え込むと、シャブシャブ、ジュルジュルとしゃぶりあげていた。

「ん、んん……かえでっ……ああ、き、気持ちいい……」

と、涼真がひと声発するや否や、私の口内に凄まじい量の精液をぶちまけ、私は臆するどころか、もっともっとと欲するかのように、一滴残らずソレを喉奥へと飲み下していった。

でもそれもすべて折り込み済み、精力絶倫の涼真にとってこれはまだほんのプロローグにすぎず、ほどなく肉棒は再びほぼフレッシュなまでの勢いを取り戻し、大きく開かされた私の股間の中心目がけて力強く侵入してきた。

「……ああっ、ああ！　す、すごい、涼真ぁっ！　涼真のオチン○ン、私の奥の奥まで来てるぅっ！　もっと……もっと激しくっ！　ああ、そうよ……そう！」

彼のピストンが私の全身を貫き、揺さぶり、今まさにクライマックスの入り口にさしかかろうかという、そのときだった。

「かえで～っ……いるのか～？　喉が渇いた……水をくれないかあ～？」

閉め切られた奥の部屋から、自宅療養中の夫の力ない声が聞こえてきた。

「かえで～？　お～い、いないのか～？」

その呼びかけを聞きながら、私はこれ以上ないくらいの性的昂りを覚えていた。

「はーい……今行くから、ちょっとだけ待っててて～っ」

そう、今イクから……ね。

私は心の中でそう応えると、一段と激しく腰をグラインドさせ、涼真のオチン○ンを食いちぎらんばかりの勢いで自ら抜き差しして、フィニッシュに向かって突き進んでいた。

「あ、ああっ……すげっ！　俺また出そうだぁ～～～！」

「お～い、かえで～～～っ……」

「んあっ、あ、ああっ……イ、イクッ……！」

コロナの症状に喘ぐ夫の声すら性的興奮の一助にするなんて、我ながらとんだ淫乱っぷりだけど、あとで聞くと涼真のほうもなかなかの非常識っぷりだった。

「おかげさまでダンナも、あれからじき回復したけど、あなた大丈夫だった？　私はもちろん、もうワクチン四回打ってるから問題ないけど……」

「え、俺？　俺、ワクチンなんて未だかつて一回も打ってないぜ～」

「マ、マジッ⁉　それでよくあのとき、うちにエッチなんてしに来たわねぇ？」

「いやいや、それほどでもないけど……」

「ほめてないわよ！」

■私たちは湯船を激しくジャブジャブと波立てながら、お互いの下半身をぶつけ合い……

不倫相手の部長と熱海で過ごした最後の愛と官能の夜

投稿者 浜田舞（仮名）／24歳／OL

ショックでした。

大好きな栗田部長（四十一歳）の、北海道支社への転勤が決まってしまったんです。。

その辞令が正式に出た日の夜、私と部長はいつものホテルへ行きました。

「あっ、ああ……あん、あん、ああぁ〜〜っ！」

「ああ、いいよ……舞、舞、まい〜〜〜〜っ！」

私の乳房を引きちぎらんばかりに揉み搾りながら、ガツンガツンと打ち付けていた腰のピストンを止め、ブルブルと全身を震わせると、部長はドクドクと私の胎内に精液を注ぎ込んできました。

「ああっ、あたしも……イク〜〜〜〜〜ッ！」

イキ果て、クタクタに消耗した事後、ベッドの上でぐったりとしながら、部長は腕枕した私に向かって言いました。

「少し前に人事部経由でそんな噂は聞いたんだけど……まさか本当に向こうへ飛ばされてしまうとは……やっぱり七月の○×物産との商談の失敗が尾を引いたんだろうなあ。こんな関係になってしまったのに、舞には本当にすまないと思ってるよ」

「ううん、いいんです！　元はといえば私が勝手に部長を好きになって、無理言って抱いてもらって……本当に部長には感謝してます……」

　と、口では言いながらも、私は悲しみの感極まって、言葉を失くしてうつむくと涙にむせてしまいました。

「……う、うう、うっ……んぐっ、うぐ、ううううっ……」

「そ、そうだ、舞、旅行に行こう！」

　そこで、いきなり部長が言いました。

「ほら、いつか二人で温泉に行きたいね、って話してたじゃないか？　結局これまで実現しなかったけど、二人の今生の別れに、思い出づくりに……そうだな、来週の土日にかけて、熱海に行こう！　なに、俺の家族にはなんとでも理由をつけてごまかすから大丈夫！　どうだ、いいだろ？」

「ほ、ほんとに？　行く行く！　あたし、死んでも行くわ！」

　私は心から嬉しくて嬉しくて、たまりませんでした。

そして、約束の日までの十日という時間が、もう待ち遠しくて、待ち遠しくて……出発前夜は興奮のあまり一睡もできなかったくらいです。

そして当日、私と栗田部長はお昼すぎに東京駅で待ち合わせると、あえて新幹線こだま号に乗り込みました。少しでも二人だけのときを楽しみたくて、熱海までの四十数分という所要時間をまったりと……。

午後二時近くに向こうに到着した私たちは、まず予約していた旅館にチェックインすると、それから二人で宿周辺の観光スポットをいくつか回りました。絶景・奇景に声をあげて喜び、感動し、まるで童心に還ったように和気あいあいと楽しみました。そう、この夜繰り広げられるであろう、最後のオトナの男女の官能の饗宴と差をつけて、余計に盛り上げようとでもするかのように。

夕方六時から部屋での夕食となりました。

新鮮な海鮮を中心としたご馳走をいただき、アルコールは二人で瓶ビールの大を一本だけ飲む程度に留めました。こんな大事な時間、酔っぱらったりしてたまるもんですか。そしてその後、私たちはあえて温泉（大浴場）には浸からず、備え付けの部屋風呂での入浴を選択しました。

そう、今ここから、私たち二人の最後の濃密な時間が始まるんです。

脱衣所で全裸になったあと、まだいくばくか明り取り窓から差し込むオレンジ色の陽光を、ギリギリまでいつくしむかのように、私たちは浴室の照明を点けずに湯船に身を沈めました。部長が私の背を後ろから抱え込むような格好で。

背後からチュッ、チュ、チュと、部長が私のうなじから肩にかけてやさしくキスしてきました。どうということのない軽い愛撫なのに、なぜか今日は敏感に感じてしまいます。

「あ、ああ……あんっ……」

「舞、好きだよ……愛してる……」

「ああん、あ、あたしもっ……」

部長が私の耳朶を甘噛みしながら、両手で乳房を包み、チャプチャプと湯波の音をたてつつ揉みしだき、同時に乳首を指先で摘まんでコリコリとこね回してきました。

「あっ、あ、あふぅ……」

「ほらほら、かわいいなあ……ちっちゃな乳首がぷっくりと立ち膨らんできたよ」

「……いやん、ちっちゃいとか言わないでぇっ……」

「うふふ、ほんとかわいい……この世で一番かわいいよ、舞……」

私、胸があまり大きくないのがコンプレックスなんですが、部長はそんな私のウイークポイントも、ちょっぴり意地悪チックにではありますが、褒めそやして盛り立ててくれます。乳首の先端がジンジンと疼いてきました。

「んあっ、ああ……部長っ……はぁっ！」

私は身をよじらせながら官能に悶えると、体を回転させて部長のほうに向き直りました。そしてその胸にすがりつくようにして、彼の乳首に舌を這わせました。部長、こうされるのが大好きなんです。

「あ、はぁ……ま、舞……いいよ、気持ちいいっ……」

いつもの部長の甘くかすれたような喘ぎ。

そして次に、いつものように荒々しい部長の昂りが私の下半身の辺りを突き上げてきました。興奮で怒張したアレが、下で大暴れしてるんです。

私のほうもとっくに、アソコは十分ヌルヌルにぬかるんでいるので、部長の怒張を手に取ると、グイグイと引っ張り自分の中に呑み込んでいきました。

「あっ、ああっ！　部長、スゴイ～～っ！」

「んああ、舞……舞の中、ニュルニュルからみついてきて、気持ちいいよ～～！」

いつしかガッチリと正面から抱き合った私たちは、湯船を激しくジャブジャブと波立てながら、お互いの下半身をぶつけ合い、むさぼり合いました。

「はぁっ……イク～～～～～～ッ！」

次の瞬間、私は最初の絶頂に達していましたが、まだまだこんなもので治まるはずもありません。

いったんお風呂を上がった私たちは、続いてもう布団の敷かれた部屋へと場を移すと、今度はシックスナインの体勢になって、お互いの性器を全身全霊をかけて舐め啜り、愛し合いました。このとき、部長は最初の射精を私の口内に注ぎ込み、私はそれを一滴もこぼすまいという熱意で飲み干したのでした。

それからなんと夜中の四時すぎまで、私たちは痴態の限りを尽くしました。

途中から部長はもう勃起も射精もできなくなり、私もアソコがひりひりと痛みを感じだし、濡れることもままならなくなりましたが、別にそれでよかったんです。

ただただ、二人だけの夜を一緒に過ごせさえすれば……………。

そして部長は北海道へと旅立ち、私の前からいなくなりました。

とても寂しく、今でも時折部長を想って涙ぐんでしまいますが、あの熱海で過ごした最後の熱いときを胸に、がんばっていきたいと思います。

■気がつくと私は二人のペニスを左右の手に摑み、しごきたて、しゃぶり上げて……

罰当たり！ お盆の夜のバツイチ出戻り3Pエクスタシー

投稿者 今田友香（仮名）／31歳／無職

先月、離婚しました。

元夫とは大学生時代につきあいだし、お互いに将来の家族の理想像なんかも似通っていたもので、きっと幸せな結婚生活が送れるものと思ったのですが……予想外だったのは、二人の間に子どもができなかったことでした。

それで、結婚して丸三年が経ったその日、夫は私の前に離婚届を差し出してきたんです。もちろん、自分の分は署名捺印をして。

「すまん。おまえのことは愛してる。でも、子どもがいない結婚生活は、俺の中で認められないんだ……別れてくれ」

「……うん、わかった。こっちこそごめんね、父親にならせてあげられなくて」

それは、お互いの合意にのっとった、とても穏やかでスムーズな別離でした。

私たちはお互いの人間性に敬意を払い、この先の双方の幸せを願いつつ、夫婦関係を解消し、赤の他人同士へと戻ったのでした。

というわけで、晴れて独身となり、出戻り娘の立場となった私は、三年ぶりに嫁いだ嫁の立場ではなく、実家の一人娘の立場でお盆を迎えることになったのです。

「ああ、そういえば荒木くんのとこ、ご住職のお父さんがいよいよ病気が悪くなって、今年から荒木くんに代替わりするみたいだから」

「えっ、そうなの？」

母の言葉に私はちょっと驚きました。

同級生の荒木くんの家はお寺さんで、うちは昔からその檀家だったのですが、先代のお父さんが病気がちだったこともあり、荒木くんがまだ三十一歳という若さで新住職の座を引き継ぐことになったのです。

「へ～っ、同級生がご住職だなんて、なんかちょっと妙な気分だわ」

私はあえて冗談めいた口調で、母にそう応えましたが、その内心はちょっとざわめくものがありました。

実は昔、私と彼はつきあっていたことがあったんです。それは、まだ彼が仏教系の大学へ通っているときの二年弱ぐらいの間のことでしたが、当時は私も彼も、まだやたらムチャで元気があって……今思うと、若気の至りどころじゃない狼藉に及んでしまったものです。

それこそ、彼の運転する車で、お寺の敷地内の墓所でカーセックスしたり、アオカンHしたりといった、およそ罰当たりなハレンチ行為に精を出してしまったこと、数知れず……。

うん、あのときは私も彼も若かった。

当時ご迷惑かけた仏さま、ご先祖さま……どうぞお許しくださいませっ！

そんなこんなで、やたら暑いお盆の日の昼下がり、私と両親はお寺を訪ね、先祖代々の墓の掃除に精を出すと、きれいに整えお供えものを並べたところに荒木くんに来てもらい、読経してもらいながらお線香をあげました。

熱い陽光がジリジリと肌を焦がし、幾筋もの汗が体をだらだらと伝う中、私は荒木くんの、およそ僧職に携わる人間とは思えない……そう、まさにまだケダモノのように若かったあのときと変わらない、欲望に満ちたギラついた視線が、私の開いた胸元から、白くはち切れんばかりの太腿の上を這い回るのを、ひしひしと感じていました。

「はい、お経は以上になります。本日はお暑い中、お勤めご苦労様でした」

荒木くんが汗を拭き拭きそう言うと、私と両親は彼に向かってうやうやしく頭を下げた。と、出口に向かって私の両親が背を向けたときでした。さりげなく荒木くんが私の手に紙切れを握らせてきました。そこにはこう書いてありました。

『今晩、お寺には誰もいない。久々に旧交を温めないか?』

決して不幸ではなかったけど、三年間の少し息苦しい結婚生活のいましめから解放されたばかりの私は、彼からのその誘いに少なからず、心ときめかせていました。

その夜、時刻は九時半を回った頃でした。

親子三人水入らずでお盆の夕食のごちそうをいただき、西瓜のデザートを味わった私と両親は、入浴してさっぱりと汗を流したあと就寝の挨拶を交わしました。

「じゃあね、ゆっくりとやすみなさい」

「うん、ありがとう。お父さんもお母さんもごゆっくり」

二階の寝室へ上がっていった二人を見送ると、私は慌てて薄化粧で装い、浴衣を着たまま五分ほど自転車を漕いで、昼間お邪魔した荒木くんのお寺へと、再び足を向けました。

「こんばんはー。荒木くん、来たよー」

玄関口の戸を開けながら、私は屋内に向かって声をかけました。

ところが、

「おー、いらっしゃい、よく来たね」

返ってきたのは荒木くんの声ではなく……？

「え……、ま、まさか、高梨くん……？」

「おおっ、覚えててくれて、サンキュ！」

なんと相手は、一度だけ、私と荒木くんとの三人で3Pセックスを楽しんだことのある、同じ学校の高梨くんだったんです。

「今日は俺までお誘いいただき、大変光栄です。青春の一ページよ、再び……ってか？」

「友香、ごめんな？　俺、あの日の三人でのエッチの快感が忘れられなくて、ついつい勝手に高梨のこと呼んじゃったけど……いけなかったかなあ？」

いいえ、いけないわけなど、ありません。

そのたった一度の3Pセックス体験は、私にとっても忘れ難い極上のエクスタシーメモリアルで……正直、私はさっき、声の相手が高梨くんだというのがわかった時点で、アソコがたまらなく疼き、濡れそぼつてしまったぐらいなんです。

「幸いっていうか、なんていうか……今日、親父の検査入院で、おふくろも付き添ってここにはいないから、誰に気を遣う必要もなく、ここで俺ら三人、思う存分楽しめるって寸法だ」

「うん、いいね……友香、離婚したって聞いたけど、あれからまた一段とイイ女になったんじゃないか？　そそられるなあ〜」

荒木くんと高梨くんが、口々にそう言いつつ、それぞれ服を脱ぎながら、私のほうににじり寄ってきました。

私としても、結婚以来、夫以外の男性から、ここまで欲望剝き出しの格好で求められるのは初めてのことです。二人からの突き刺さるような欲望の視線に全身を苛まれながら、ヒリヒリするような、それでいて甘い疼痛で全身が痺れ、カラダの内側から火照るような昂りが噴き出してきました。

「……あ、ああ……あん……」

「ああ、友香……」

「おっぱい、同時に舐めてあげようね……」

荒木くんと高梨くんが、二人同時に私の体にとりすがり、浴衣を脱がしながら、乳房を揉みしだき、両の乳首にむしゃぶりついてきました。

「……あっ、はあっ……ああん！」

二人して交互に舐め、吸い、甘嚙みして責めたててくるものだから、もうたまりません。ただっ広い畳敷きの部屋のまん中で、私は背をのけ反らせて悶え喘ぎ、腰を突き出しながらヨガリ狂ってしまいました。

「あひっ……ふうっ、んんふぅ……！」

そうしながら、気がつくと私は荒木くんと高梨くんのペニスを左右の手に摑み、しごきたて、しゃぶり上げながら、むさぼり味わっていました。

昔のあのときの、みなぎるような若い勢いに加えて、多くの経験を積んだたくましさに満ち溢れているようでした。

とうとう三人そろって全裸になった私たちは、身をからませ合い、まとわりつかせながら、お互いの性器をむさぼり合い、啜り合いながら、これでもかと体液を味わい尽くしていました。

「ああっ、はぁっ……いい、いいわ……ああっ！」

「おお、友香のココ、ドロドロに蕩けすぎて、畳に大きな穴が開いちまいそうだ……ほんと、すげえよっ……」

「なあ、荒木、俺もぅたまんねえよ……先にやらせてもらっちゃってもいいか？　マジ、チ○ポ爆発しちゃいそうだよお……！」

「ったく、しょうがねえなあ……ほら、お先にどうぞ！」

「くぅ～～～～っ、サンキュ、恩に着るぜっ！」

二人のそんなやりとりのあと、高梨くんの肉太のたくましい昂りが私の濡れた肉穴を穿ち、豪快に貫き、激しくピストンを繰り出してきました。辺りはすっかり田舎の夜の空気でひんやりと冷えながらも、肉交のエネルギーがもたらす熱量が肉体に汗を生じさせながら、ポタポタと畳の上をしずくで濡らしていきました。

「あっ、あ、ああん……いいっ、感じるっ……！」

「んあっ、イク……！　あ、出るっ！」

高梨くんが私の体内に精を放ったあと、次いで荒木くんが深く挿入してきました。

「ああ、いいよ、友香っ……し、締まるっ……！」

結局、そうやって二時間半たっぷり、お互いの肉体をむさぼり合い、快感に溺れ合った私たち……罰当たりながら、一方で青春の輝きに満ちた、お盆の夜の忘れがたい出来事なのでした

■ご主人は私の両脚をカエルのように大きく押し開くと、強靭な肉棒をズブズブと……

リベンジ不倫セックスの禁断快感にハマって!

投稿者 谷垣美穂(仮名)/27歳/パート主婦

私は夫と二人で2DKの賃貸アパート住まいですが、同じ棟に住む中井さん夫妻とは同年代で、ほぼ同じ時期に引っ越してきたということもあり、仲良くおつきあいさせてもらっていました。

そう、私が「あのこと」を知ってしまうまでは。

「あのこと」とは、私の夫と中井さんの奥さんとの不倫の関係のこと。

ある日の朝、私が夫を会社に送り出したあと、パート勤めに出ようと自転車を漕いでいたところ、なんとさっき玄関口で送り出したはずのスーツ姿の夫と、中井さん妻がホテルに入っていくところを目撃しちゃったんです。

まだ、家からある程度離れたところで逢引きするのならいざ知らず、まさか、こんな地元でいけしゃあしゃあとやりますか!?

いやまあ、それまで私も少しは二人の間が怪しいと思ってはいたんですが、まさか本当にできていたとはびっくりです。

完全に舐められていると悟った私は、目には目を、リベンジ不倫し返してやることにしました。

それから私は、夫と中井さん妻の毎日の行動にできるだけ注意を払い、その甲斐あって二人の不倫逢い引き確率の高い日のパターンを絞っていきました。

その結果導き出されたのが、毎月第三水曜日、ないし第三木曜日でした。

どうやらその辺りが、中井さん妻が毎月美容院に行くタイミングで、夫は毎度それに合わせて関係を持ってあげていると……やさしい性格の夫らしいといえますが、まあ、ふざけるなよ、おまえら、と！（笑）

その辺りを押さえた上で、私はいよいよリベンジ不倫を決行に移すべく作戦を立てました。

まず、どういう形でし返してやるのが、一番相手にショックを与えるか？

現状、向こうはあくまで不倫エッチの場所を、日常生活とは離れたラブホテルに設定しています。それはあくまで生活の場である家を聖域として最低限、尊重しているからでしょう。

ならば、こっちはあえてその聖域を踏みにじってやろうと思いました。

向こうが大事にしている、生活の場である家で不貞行為を働いてやることで、自分たちのしていることの罪深さのほどを思い知らせてやろうというわけです。

え、そんな繊細な考え方が相手に伝わるかって？

まあ、実際に伝わらなくてもいいんです。

所詮こんなものは思い込み次第。

自分がスカッと納得できればいいってことです。

そして、その日がやってきました。

ある月の第三木曜日。

私は前もって中井さん夫にスマホで連絡し、朝いったん家を出たあと、奥さんが出かけたあと再び戻るようお願いしました。

一方私は、二人がラブホにしけこんだのを確認したあと、急いで家に戻り、中井さん宅を訪ね、中に入れてもらいました。

私はご主人に、ほんのさっき撮影したてのスマホの画像を見せながら、言いました。

「ね？　今頃、裏切り者たちはホテルでハメ狂ってますよ。お返しに私たちはこの家の中を汚しまくってやりましょうよ」

最初、ご主人は複雑そうな顔をしていましたが、そのうち、意を決したように言いました。

「そうですね、けじめはつけなきゃいけませんよね。裏切ったのは向こうが先だ。目にモノ見せてやりましょう」

ご主人に導かれて足を踏み入れた中井さん夫婦の寝室は、造り自体はもちろんわが家と変わりませんでしたが、寝具のセンスや、アクセサリーの雰囲気はやはりかなり異なり、それを見ているうちに私はなんだかドキドキしてきてしまいました。

（ああ、ここでご主人は、いったいどんなエッチをするんだろう？　どんなふうに私を感じさせてくれるんだろう？）

「さあ、奥さん、僕らも楽しみましょう？」

ご主人はそう言うと、私をベッドの上に上がらせ、ブラウスの前ボタンを外しながら、肌の上に指を滑らせ始めました。その指はうちの夫の武骨で短いのに比べて長く繊細で、優美にうごめきながらブラのホックも外し、プルンとこぼれ出た乳首に触れ、転がし震わせてきました。

「ああ、奥さんのオッパイ、可愛くて食べちゃいたいくらいだ」

そう言いながら、乳首を唇で挟み、舌先でコロコロ、チロチロと舐め転がしつつ愛撫してきました。ジリジリ、ピリピリと甘美でとろけるような快感が全身に広がっていきます。

「……あ、ああ……すてき、すてきよ……ああっ……」

私も、そうせつなく喘ぎながら、手を伸ばしてご主人のスーツのYシャツの前ボタンを外し、裸体を開いていきました。鍛えられ、引き締まった肉体が覗き、いつしか私たちはお互いの裸体を掻き抱くようにしがみつき合っていました。

「ああん、ご主人のオチン○ン、舐めさせて……おねがい……」

「お互いのを一緒に舐めましょう？　ね？」

ご主人はそう言うと、私の下半身をスルリと剝いて全身を脱がし、私も負けじとスーツズボンを脱がせると、その日焼けしたたくましい全身像を拝ませてもらいました。

「……ああ、すごい、大きい……オチン○ン、とっても立派よ！」

「奥さんのオマ○コも、ピンク色でツヤツヤしてて、たまらなくキレイですよ……」

「……ああんっ……！」

そして私たちはシックスナインの体勢になってからみ合い、お互いの性器をむさぼり合っていました。

ご主人の亀頭は、今にも破裂せんばかりにパンパンに赤黒く膨張し、先端から滲み出した透明な淫汁がキラキラと輝きを放っていました。私はそれを啜り上げ、喉奥をきつく締め上げながら抜き差しさせて……。

「あ、ああっ……いいっ！　奥さんっ……！」

ご主人も甘い喘ぎ声をこぼしつつ、私の濡れた肉ひだを鼻先で掻き回しながら、ジュルジュル、ネチャネチャと愛液をねぶり回し、啜り立ててきます。

「……んあっ、はぁ、あ、ああ……！」

「くうっ……お、奥さん、もう……入れても、いいですか？」

「あ、はぁ、は、ああ……ええ、いいわ！　私のドロドロにとろけた奥の奥まで……ご主人のこの大きなオチン○ン、突っ込んで、貫いて、犯しまくってちょうだいっ！」

「……あ、ああっ……奥さんっ……！」

ご主人は私の両脚をカエルのように大きく押し開くと、その思いっきり淫靡にひしゃげた肉壺目がけて、強靭な肉棒をズブズブと突き入れてきました。

「んああっ！　はぁっ……ひっ！　いい～～～～～っ！」

彼の抜き差しが、グッチャ、ヌッチャ、ズッチャ、ズププ……と、淫らに妖しく性爆を繰り返し、そのたびに私の内部で気も狂わんばかりの炸裂が瞬きました。

他人夫婦の寝室でやるセックスがこんなにもキモチいいものだったなんて……私はいつしかリベンジ不倫の目的すら忘れて悦楽によがりまくっていました。

「あ、ああ……奥さん、お、俺、もう……！」

「ああっ！　あたしも……あたしも、もう……！」

とうとうお互いにクライマックスが押し迫り、それからほんの十秒と経たずに私たちは激しくフィニッシュのほとばしりを迎えていました。

さて、当初はこの一回のリベンジ不倫セックスで気を済ますはずだったのですが、私たち、すっかりミイラとりがミイラになってしまい……他人夫婦の寝室での禁断快感にハマった挙句、今でも定期的に楽しんでいるというわけなんです。

ほんと、我ながら困ったものです。

第三章

愛欲の限界を超えて

■私は彼の張り膨らんだペニスが描き出すカーブに沿って爪先をツッツーと……

町内バス旅行で弾けた私の欲求不満不倫エクスタシー

投稿者 天城萌（仮名）／32歳／専業主婦

その日、私と彼の間には密かに異常な緊張感がみなぎっていました。

彼とは、町内でコンビニを経営する村田さん、四十二歳。

そして私は、同じ町内にあるマンションに住む、ごくごく平凡な主婦。夫は某中堅電気工事会社に勤めるサラリーマンです。

さて、普段はコンビニのオーナー兼店長と、お客という関係でしかない彼と私ですが、一方で同じ町内会に属する会員仲間ということで、実はその日は町内会主催の日帰りバス旅行が催行され、私と村田さんはそれに参加するために、これから同じバスに乗ろうとしていたんです。

朝八時すぎ。バス旅行参加者は町内の集合場所に集まり始めました。出発は九時予定。参加予定者は全三十人で、まあまあの大所帯でした。

そんな中、お互いの姿を認め合った私と村田さん。一瞬、ハッとしたみたいにお互いに視線をそらせましたが、すぐにまたいそいそと互いの姿を求め合い……今度は一旦、熱く粘っこくからみ合った視線が、そう簡単にほどけることはありませんでした。そう、まるでお互いを視線で愛撫するかのように……。

私はもうここ半年ほど、夫とはセックスレスでした。

今回のコロナ禍で業績の悪化した夫の会社は、そのマイナス分を補てんするために、それまで外注していた仕事を内部社員で対処する方針に切り替え、その分負担の増えた夫は心身ともに疲弊してしまい、もう妻の私のことを気にかける余裕などなく……一方の私もそれに文句を言うわけにもいかず、密かに欲求不満は溜まるばかり。

日々そんな状態で村田さんのコンビニへ買い物に行っていたのですが、村田さんのほうは奥さんの浮気が発覚した直後で、その裏切られた怒りと同時にやるせない欲情をたぎらせている真っ最中だったということで、そんなお互いが醸し出すドロドロとした精神の波長が合ってしまったのでしょう。

私と村田さんは顔を合わせるたび、たとえ言葉を交わすことはなくても、お互いを意識し、欲し合う意識を昂らせていってしまいました。

そしてとうとう、お互いが自分たちの家庭的立場から一瞬だけでも自由になれるともいえる、バス旅行の日を迎えたというわけです。

ここにはお互いのモラルを縛る伴侶はいません。

「バス車内での席順は自由でーす。皆さん、お好きなところにどうぞー！　早いもの勝ちですよーっ！」

幹事役の鈴木さんがそう言うや否や、私と村田さんは素早くアイコンを交わし、阿《あ》吽《うん》の呼吸で一番後ろの、他の誰からの目も届かない座席に並んで腰を降ろしました。

ああ、これでこのバス旅行の間中、二人だけの世界を楽しむことができる……私の心は期待に膨らみ、カラダは興奮に震えました。そっと隣りの村田さんのほうを窺うと、彼のほうも、淫靡な喜びを湛えた目でこちらを見返してくれました。

そして九時になり、バスは発車しました。これから往復三時間半ほどのコース内にある三ヶ所の観光スポットを巡り、食事や行楽を楽しむ行程です。

でも、そうやって徐々に盛り上がっていく車内とは関係なく、私と村田さんはすぐに自分たちだけの世界へと没入していました。

お互いに目は正面を見据えながら、膝の上で双方の手は密かにからみ合っています。

村田さんの太くて武骨な指に、私の白く細い指の腹が撫でくすぐられ、思わず小さな悦びの声をくぐもらせてしまいます。

そうやってさんざんお互いの手を撫でさすり合ったあと、今度は彼の手が私の背後に回り、服の合わせ目から入り込んで素肌の背中に触れてきました。途端、手とはまったく次元の違う接触の刺激が電気のようにビリビリと背筋を走り、全身にじんわりと汗が滲み出してきました。

「……はっ、んん……ぅ…………」

甘く喘ぐような声が唇から洩れてしまいます。

そんな私の様子を嬉しそうに愛でながら、今度は彼の手が大きく背後を回り込んで体の前方……私の乳房のあるほうへと侵出してきました。村田さん、思いのほか腕が長かったんです。その手は器用にブラジャーの脇から内側へと入り込んでくると、私のナマ乳に触れ、その柔らかな乳房を押し込み、揉みしだいてきました。そしてさらに乳首の突起まで弾き震わせてきました。

「んあっ！　……んっ、んふぅ……」

私は慌てて声を必死に低く抑えながらも、喘ぎを止めることはできませんでした。

「だめだよ、だめ！　声、ガマンして！　皆に聞こえちゃうよ」

村田さんは意地悪ともとれる、少し笑みを含んだ声でそういましめてきますが、そんなこと言われたって、そうさせてるのはそっちのほうなのに……と、私は密かな喜悦の昂ぶりの中で、愚痴らないわけにはいきませんでした。

こうなったら私のほうだって負けていられません。

私は何食わぬ顔で彼の股間に手をやると、ズボンのチャックをそろそろと下げていきました。そしてその内側、年甲斐もなく若い、ピッチリとしたボクサーショーツを穿いた彼の、もうすでにパッンパッンに張り膨らんだペニスが描き出すカーブに沿って、伸ばした爪先をツツツー……と滑らせてあげて。

「んくっ……う、ううっ……!」

敏感なウラ筋を尖った爪の先で責められて、彼のほうも思わず喘いでしまい、私としてもしてやったり。淫らな悦びにほくそ笑んでしまいました。

そしてそうこうするうちにバスは最初の目的地に着き、昼食休憩の一時間半の時間がとられました。

私と村田さんは目くばせして、互いに手早く食事を済ませると、人目を忍んで休憩所のトイレに身を潜め、第二ラウンドにいそしみました。

壁に背中をあずけて立った彼の前にひざまずくと、私はその生身のペニスを引っ張り出し、無我夢中でしゃぶりました。完全勃起した彼のソレは私の夫の一・五倍ほどもあり、その大きさに喉を詰まらせながらも、私は恍惚の思いで味わいまくり、激しく濃厚なフェラチオの末に大量のザーメンを飲み下しました。あ〜、おいしかった。

そしてまたバスは出発し、次の停車スポットまでの一時間、私と彼は再び密かなまさぐり合いのお楽しみに耽りました。

さあ、そしていよいよ最後の停車スポットです。

今や私のアソコは、欲しくて欲しくて爆発寸前の限界状態、もう、ホンバンしないことには収まりそうもありません。

私と彼は一生懸命、それにふさわしい場所を探したのですが、あいにくと地所内に見当たらず……仕方なく、鬱蒼と茂った植込みの中で実行することにしました。

制限時間は同じく一時間。それだけあれば十分でしょう。

私たちは手に手を取り合って、具合のよさそうな大きな茂みの中に飛び込むと、お互いにそそくさと服を脱いで、下半身丸出し状態になりました。

お互いの性器は、それまでのお楽しみタイムの間に、もう相当出来上がっていて、彼はガチガチビンビン状態、私もヌレヌレジュクジュク状態。当然、前戯など不要！

二人しっかりと抱き合うと、即入れ&即ピストン！

「んあっ、あ、ああ……いいっ、いいわぁ……あぁん！」

「ああ、いいよ、締まる……う、ううっ……！」

ものの五分ほど抜き差ししただけで、私は二回、三回とイッてしまい、彼のほうも二発目とは思えない大量射精とあいなりました。

そして夜の七時すぎ、バスは元の町内へと帰ってきました。

私と村田さんは軽く握手を交わし、互いの家への道を戻りました。

彼とのアバンチュールはとても気持ちよかったけど、果たして次があるかどうかはわかりません。私の心中にも夫を裏切ることに対する良心の呵責はあるのです。

でも、依然として前と同じような夫と私の間の状況が続くようであれば……私には自分を制することができる自信がないのです。

■美沙がグイグイと腰をうごめかすたびに、お互いの肉唇が淫猥にむさぼり合って……

旧友との再会で女同士の底なしの快感のトリコになって

投稿者　清水明菜（仮名）／27歳／公務員

夏のお盆休み。

生まれ育った地元で役所勤めをしている私でしたが、中高と同じ学校だったものの、その後県外の大学を出て、今は東京でOLをしている旧友の美沙のもとへ遊びに行くことになりました。職場の人間関係がうまくいかず、そのことを彼女に電話で相談しているうちに、「とりあえず気分転換に東京へ遊びにおいでよ。私のとこに泊めてあげるからさ」ということになった次第です。

昔はあんなに地味でおとなしかった美沙が「〜からさ」なんて東京の言葉をつかうなんて……と、ちょっとイラッとするような微笑ましいような……そのときそんな、微妙に複雑な思いを抱いたのを覚えています。

向こうに着いたのはお昼すぎ頃で、東京駅まで迎えに来てくれた美沙は、駅ビル内の高層階にあるオシャレで高級そうなイタリアンのお店につれていってくれました。

彼女はこういうお店によく来ているようでしたが、私は正直、その浮ついて妙にきらびやかな雰囲気に馴染めず、きっとおいしいのでしょうが、彼女がおごってくれるという申し訳なさも相まって、あまり味わっている余裕もありませんでした。

その後、彼女は新宿、渋谷、表参道……と、いくつかのメジャーな場所へ案内してくれましたが、私ときたらそれらのあまりの人の多さに気圧され、とても楽しむどころではなく……夕方の七時近くになって、美沙が独り住まいする葛飾区の最寄り駅に着いた頃には、心身ともに疲れ果てていました。

「今日……どうだった?」

「う、うん、とっても楽しかったよ……」

「そう、よかった。明日もいっぱい案内してあげるからさ」

「ありがとう。楽しみにしてるね」

と口では答えつつ、私は、その駅周辺にいくつも据えられている、ご当地ゆかりの超人気漫画の警官キャラの立像を見やりながら、内心では深くため息をついていました。できれば明日はゆっくりぼんやりしたいんだけどな～……でも、一生懸命、私を楽しませようとしてくれている美沙の気持ちを思うと、そうは言えませんでした。

でもその夜、そんな私の心配も杞憂だったことがわかりました。というか、美沙の私に対する思いもよらぬ本当の気持ちをぶつけられることになったんです。

晩ごはんは昼間とは打って変わって、地元の町中華のお店で食べることになりました。私がそうリクエストしたんです。

「悪いから夜は私がごちそうするね。ただし、あんまり贅沢はできないから……あ、ほら、あそこの中華屋さんでどう？」

と。一瞬、美沙の顔には「え～？　あんな油っぽくて小汚いとこ？　もっとましなところ、他にいくらでもあるのに」という表情が浮かびましたが、いやだとは言いませんでした。

結果、そこは安いうえにとてもおいしく、ボリュームも満点で最高のお店でした。

私と美沙は、昼間のええかっこしいなランチのときからは考えられない無礼講っぷりで、飲んで食ってしゃべっての大盛り上がり状態！　そしてすっかり酔いが回ってくると、なんと美沙がいきなり泣き出し始めたんです。

「う、ううん、うう……あたし、もう疲れたよう……今の仕事やめたい……東京なんてもうたくさんだよ～～～～……」

って。

私は、ええっ、それって私が今日ぼやこうと思ってたセリフなんですけどお、と慌てながらも、彼女を落ち着かせるべく、彼女の酔っ払いナビのもと、彼女が独り住まいする賃貸マンションへと、二人もつれ合いながら向かったのでした。

そして室内に上がるなり、彼女は私にしがみつき、その勢いで二人そろって床に倒れ込んでしまいました。

「ええ～ん、明菜～っ！　ほんとはあたしのほうが話を聞いてほしかったんだよ～」

「わ、わかった、わかったから、ほら、落ち着こう？　ね？」

「……う、ううん……明菜、あたし、ずっとあんたのことが好きだったの～～～！」

「えっ、えええええっ⁉」

とんでもない展開になってしまいました。

もともと高校時代は女子レスリング部でバリバリの格闘女子だった美沙の力はとんでもなく強く、私がいくらあがいてもその拘束から逃れることは叶わず……とうとう強引なキスで唇を奪われてしまいました。そしてその筋肉質で大柄な肉体で押さえつけられながら、胸やお尻、アソコを揉みしだき、まさぐられて……。

「う、んぐふ……んぶっ、ううう～～～っ！」

美沙の舌で口内を吸い舐められ、唾液を啜り上げられ、併せて敏感な部分を強烈に愛撫されているうちに、その有無を言わせぬ快感に呑み込まれ、私の意識はトロ～ンと混濁していきました。

ああん……なんだかもうどうなっちゃってもいいかも……。

私のそんな、あきらめにも似た意識がきっと彼女にも伝わったのでしょう。

美沙は私の体から手を放すと、自ら服を脱ぎ、そして私の服も剝いで双方が全裸になった状態で、上から私に覆いかぶさってきました。格闘技でいうところの、いわゆる『マウント』をとられた状態ですね。そしてそのまま私のナマ乳に舌を這わせ、乳首を吸い、ぺろぺろと舐め回しながら、下腹部に手を突っ込んできました。

「あ、ああん……あっ！　美沙っ……や、やめっ……んあぁっ！」

「明菜、明菜っ！　おねがいっ！　あたしの好きにさせてっ！　大好きなのお！」

グチュグチュとオマ○コの中を掻き回され、私は自分でも驚くほど濡れまみれてしまっていました。女とか男とか関係ない。美沙が繰り出してくる愛撫、その中心にある私を想う熱いキモチはホンモノで、それがジンジンと私の性感に響き、いつしか何の抵抗もなく悶え感じまくっていたんです。

それから美沙は、さんざん私のオマ○コを舐めしゃぶり味わったあと、力強い腕で片脚を摑んでパックリと私の股間を大きく広げさせると、そこに自分の股間を押し付け、双方のワレメをヌッチョリと深く嚙み合わせてきました。

美沙がグイグイと腰をうごめかすたびに、お互いの肉唇がグチュ、ヌチュ、ジュブリ、ズルルル、クチャ～ッと、あられもなく淫猥に湿った音をたてながら、まるで生きているかのようにむさぼり合います。

「ひあっ、ああ、いいっ……す、すごっ……あああっ！」

「んあぁっ……好きよ！　愛してる！　ああ、明菜ぁっ！」

私はその真っ暗な底なしの快感に呑み込まれていき、何度も何度もイキ果てた挙句、生まれて初めての失神体験を味わってしまいました。

あとで美沙に聞くと、高校時代から私のことが好きだったということでした。でも結局そんな想いを伝えることなどできるわけもなく……今回、偶然に私の苦境を慰めるふりをしながら、思わず自分の剝き身の本心が炸裂してしまったといいます。

彼女も実は、東京暮らしでいろんなものをすり減らしていたのでしょう。

私は彼女と、これから連絡をとり合い、たまに会うことを約束しました。

友情？　……いえ。

正直、私のほうもすっかり女同士の快感のトリコになってしまったようなんです。

■私は課長の小粒でかわいい乳首をいじくりなぶりながら、舌先でコロコロと転がし……

アクマと呼ばれる私の男を堕とす手練手管のすべて！

投稿者 宮塚京子（仮名）／26歳／OL

課長と二人で出張に行くことになった。

もちろん、まあまあ遠方なので、一泊二日の泊まりがけ。

この話を聞かされたときから、私の胸のトキメキと、アソコのウズキが止まらない。

だって私、課長のことが大好きなんだもの。

イケメンで、四十一歳の愛妻家。二人のかわいい女の子のパパでもあり、仕事もできて会社での人望も厚く……絵に描いたような好人物。

あ～ん、欲しい！

そういうステキな『イイ人』を誘惑して、『ワルイ人』に堕落させるのって最高！

あ、そうか、前言撤回。

私、課長のことが好きなんじゃなくて、課長みたいなちゃんとした人を、グチャグチャにしちゃうことが好きなんだな、うん。

え、おまえはアクマかって？　う〜ん、だってしょうがないじゃない？　要はいくら私から誘惑されたって、拒絶すればいいだけの話で。誘惑に乗っちゃった時点で、私だけじゃなく、その人のほうも悪いんだと思うのよね。

ちがう？　ちがうか！（笑）

そんなわけでそれから三日後、私と課長は新幹線に乗って得意先のもとへ。商談はうまくいき、私も事務作業を的確にサポート。かなり大口の契約を正式に取り付けることができて、出張は大成功！

さて、じゃあこのあとは満を持して課長と二人、私の自慢の手練手管で『大性交（笑）といきましょうか？

夜、商談の成功を祝って、ホテル一階にある居酒屋で打ち上げ晩ごはん。

課長もかなりの上機嫌で、お酒が進む、進む。

い〜い感じなんじゃない？

ま、もちろん私はそんなに飲まないけどね。

そして夜九時すぎ、課長はさすがに気づかれもあったのか、早めに休むというので、私はいかにもお休みの挨拶をするだけです、みたいな体でしずしずと部屋の前まで付き従って行って。

「じゃあ、宮塚さん、今日は本当にお疲れさま。きみもゆっくり休むといいよ。明日の朝七時半に一階の食堂で会おうね。おやすみ……」

と言って課長がドアを閉ざそうというところを、とっさに押しとどめた。

そして「え？」と怪訝な顔をする課長の体をグイッと室内に押し込む。けっこうアルコールが回ってて足元が不安定だから、そんなの造作もない。

「ちょ、ちょっと……ど、どうしたの、宮塚さん？」

と聞いてくるのを無視して、私は後ろ手に部屋の内鍵をロックした。そして課長の首に両腕を回して顔を引き寄せると、かぶりつくようにキスした。

「！　……んっ、んぐ、うぐ……！」

課長は慌ててジタバタあがいて身を離そうとするけど、もちろん敵じゃない。

私は課長の唇を割って舌を差し込み、レロレロネロロと口内をねぶり、吸い回すと、さらにお互いの舌をからめてズルズルと唾液を啜り上げながら、社内一のダイナマイトバディとの評判も高い自慢のカラダ全面で押し込みながら、狭いシングルベッドのほうへと近づいていった。

そしてそのまま、もつれ合うようにドサッとベッドイン！

私は身を起こすと課長のおへその上辺りに馬乗りになった格好で、スルスルとネクタイをほどいていき、すべて抜ききったところでYシャツのボタンをはずしていった。

するといよいよ課長も、これはヤバイと感づいたらしく、

「み、宮塚さん、バカな真似はやめなさい！　こ、こらっ……」

と喚きながら抵抗を試みるも、時すでに遅しってか？

私はまったく動じることなく、課長の胸の上に上半身を倒すと、両手の伸ばした指先の爪でコリコリ、キュウキュウと意外に小粒でかわいい乳首をいじくりながら、舌先でコロコロと転がしていった。

「……うっ、んふっ……あ、ああっ……」

課長が甘い呻き声をあげながら、どんどん乳首を固く勃起させていく。基本、遊び人ではないゆえに、こういう快感に耐性がなく、敏感すぎるほどに感じてしまう。

「ねえ、課長、気持ちいいんでしょ？　奥さんはこんなことしてくれませんよね？さあ、課長もお返しに私のこと、かわいがってくれませんか？」

私はそう言うと、スーツとブラウスを脱ぎ捨て、ブラもはずした。そして自分でも惚れ惚れするような豊乳の肉房を課長の胸の上に載せると、それをグイグイ、クニュクニュと押し当てながら、お互いの乳首同士を擦れ合わせ、さらにそこに甘い吐息を吹きかけていく。

「……はぁっ……あ、ああ……み、宮塚くん……う、ううん……」

課長の呻き声がさらに大きくなると同時に、その下半身が固く盛り上がってくるのを感じた。私の股間の辺りでいやらしく存在を主張してる。

「あら～っ、こんなところにわんぱくな暴れん棒が！」

私はわざとらしくそう言うと、ズボンのジッパーを下ろして中身を取り出した。今にも破裂せんばかりに固く大きく勃起したソレを見下ろしながら、私は言う。

「うふふ、まるで早くしゃぶってほしいって言ってるみたいに、先走り汁垂れ流してひくひく震えてるわ……そうしてあげてもいいけど、その代わり、私に向かってこう言ってください」

「……え？」

「妻よりもキミのほうが好きだ！　って」

「え、え、ええ？　……そ、それはその、いや、あの……」

「言えないのなら、私、このまま自室に帰りますけど」

「う、くう……っ、妻よりも……キミのほうが、好きだぁっ！」

「はい、よくできました」

私は、課長を堕落の底に突き落とした快感に打ち震えながら、そのペニスをしゃぶり尽くした。ほんと、この一瞬がたまらない……！

そして、私の唾液と自らが垂れ流した先走り汁にまみれながら、極限まで勃起したそれに向かって、私は下着を脱ぎ、淫らに濡れそぼつた肉穴を下ろしていく。熱くとろけたソコが課長の肉棒をとらえ、ミチュミチュと食い締めながら、さらに奥へ奥へと呑み込んでいく。

「ああっ、ああ……課長、す、すごくいいっ！　……あひぃ！」

「ああ、すごいよ、宮塚さん……チ、チ○ポ、とろけ落ちちゃいそうだっ！」

そう言って私の下でだらしなく喘ぎ呻く課長の顔を見下ろし、腰を激しくグラインドさせながら、私は思っていた。

はい、これで課長については征服ミッション、完了！

さて次は……いよいよA部長に仕掛けてみるとしますか？

さすがに社内一の人格者として名高い彼、かなりハードルが高そうだけど……当たって砕けろよ！　うふふ。

■亡き主人を彷彿とさせる、久しぶりの荒々しい愛撫の感触に、私はたまらず感じて……

女将と飲み客との身も心も通い合うゆきずりセックス

投稿者 猪瀬ひとみ（仮名）／36歳／自営業

北関東の某県、そのはずれの小さな町で居酒屋を営んでいます。といっても、お客さんが十人も入れば満員になってしまうような、ほんのささやかな店ですが、これでもそれなりに常連客がついていて、まあまあ人気があるんです。

元々は四つ年上の主人と始めた店だったのですが、去年、その主人が交通事故で急逝してしまい……そのときは私、悲しみとショックのあまり、いっそこの店も畳んでしまおうかと思ったのですが、応援してくれるお客さんたちの支えもあって、なんとか気を取り直し、ここまで復活することができたという経緯があります。

おかげさまで経営は安定し、今は少しずつでも蓄えができるほどになりましたが、ひとつだけ、どうにも取り戻せないものがあります。

それは……心の底から愛した、亡き主人とのセックスの歓び。

あの主人のやさしい愛撫を、執拗な舌戯を、激しい挿入を思い出すと、今でもどうにもたまらなくなってしまい……でも、慰める手段は自慰行為しかありません。誘われれば、おそらく簡単に応じてしまいそうな素敵な常連客男性も二、三人いたりするのですが、皆さん、私と亡き主人の仲睦まじい夫婦ぶりを知っているだけに、それを尊重してくださっているのであろう、残念ながらそういうエロチックな働きかけをしてくるような人はいません。たぶん、もし私のほうから誘惑しても同じでしょう。「ご主人に悪いよ」そう言って、やさしく拒絶されるのが関の山です。

はあ……ほんと皆さん、やさしい、いい人ばっかりで困っちゃう（笑）。

そうやって、私は日々密かに欲求不満を溜め込んでいっていたのです。

そんなある日のことでした、初めて見る新顔のお客さんが店にやってきたのは。閉店時間の夜十一時半の少し前。それまでのお客さんが皆帰ったあとに、そのひげ面のワイルドな風貌にガタイのいい男性客がふらりと入ってくると、「時間、まだいいですか？」と聞いてきて、「もちろんです、いらっしゃいませ」と私が答えると、カウンター席に腰を下ろしました。

「お客さん、初めてですよね？　こちらへはお仕事で？」

私が、ビールをグラスにお酌しながらそう問いかけると、

「ええ、この先の○□地区でやってる工事の関係で、こっちには初めて来ました。こ

ちら、小さいけど風情があって、いい店ですね」

「あら、ありがとうございます」

そんなやりとりをしながら、私は評判のいい小料理を三つ、四つ供しつつ、折を見てビールを注いでいってあげました。

するると、話しは思わぬ形で弾んでいって………。

「え、女将さんも去年、ご主人を亡くされたんですか？　実は僕もなんですよ。去年、妻を病気で亡くしまして……まだ、四十前だっていうのに……」

「それはそれは……お気の毒です。わかります。愛した連れ合いに先立たれるのって、ほんとつらいですよね」

二人、思わずそんなふうにしんみりとしてしまったのですが、その後、何杯かビールが進んだ後に、ふと彼の手が、カウンター席の隣りに腰かけた私の手に触れてきました。そして、手の甲をやさしく撫でさすりながら、こう言ったのです。

「女将さん、寂しくはないですか？　俺は……寂しくてたまらない……夜中に目が覚めて、自分の隣りに妻がいないことを痛感し、思わず寂しくて泣いちゃうなんてこと、しょっちゅうですよ」

「…………」

「で、寂しすぎて、ついつい自分で自分を慰めちまう。……あ！　ご、ごめんなさい、こんな不躾な話しちゃって。俺、どうかしちまったみたいだ……」

盛んに恐縮する彼に対し、今度は私のほうが彼の手に手を重ねながら、言いました。

「いいんですよ、私もいっしょだから……主人のいない寝床の中で、もう何度、やるせない昂りを自分の手で慰め、治めたことか……」

「女将さん……」

と、涙で赤く潤んだ目をまっすぐ私に向けてくる彼に対して、

「名前はひとみよ。ひとみって呼んで」

私はそう言い、顔を寄せてその唇に口づけしていました。

同じような境遇の彼に対してシンパシーを抱いたのもありましたが、実は彼はどことなく死んだ主人に似ていて……正直、好みのタイプだったのです。

「ああ、い、いいんですか……？」

まだ若干うろたえ気味に言う彼の舌を何度か吸い、チロチロと舐めからめながら、私は言いました。

「うん。お互いに……慰め合いましょ？」

そしてそそくさと店の入り口のほうへ向かうと、暖簾をしまい、提灯などの灯りを

落とし、しっかりと内鍵をかけました。そのまま彼の手をとり、靴を脱いでもらうと店の二階へと案内しました。そこには、かつては夫婦の、今は独り寝の寂しい寝床がありました。お恥ずかしい話、誰にとがめられることもないという悲しい開き直りから、そこは万年床になっていたのです。

それを前にするや、彼の目の色が変わりました。

「……ひ、ひとみっ……！」

差し迫ったような声でそう言うと、私の体に取りつき、強引に布団の上に押し倒してきました。そして着物の襟もとをグイッと押し開くと、ギュッと盛り上がるような形になった私の胸の谷間に鼻づらをねじ込み、乳房の肉感をむさぼってきました。

「あ、ああっ、ああ……白くて丸いおっぱい……マシュマロみたいに柔らかくて、おいしいよぉ……」

「……ひうっ、んんう……んくふぅ……」

亡き主人を彷彿とさせる、久しぶりの荒々しい愛撫の感触に、私はたまらず感じてしまいました。やがてその愛撫は、ビンビンに固く反応し、着物の中から顔を出した乳首にもおよび、巻きつくようにねぶり回してくるその魔性の快感に、とろけてなくなってしまうのではないかと思うほどでした。

そうやってよがり悶えながら、私のほうも無意識に彼の股間へと手を伸ばしていました。ズボンの厚手の生地の上からでも、その固く大きな強ばりがひしひしと感じられました。私はそれを何度かまさぐり回したあと、ジッパーに手をかけて引き下げ、そこから中身を引っ張り出しました。剝き身の肉棒はびっくりするほど熱く、私はやけどしてしまうのではないかと思ってしまうほどでした。

「あ、ああ……オチン○ン、舐めさせてぇ」

私はそう言うと、布団の上に仰向けになった彼の下半身をすべて剝いてしまい、雄々しく勃起した肉棒の先端をニュルリと口唇で呑み込みました。そして愛しく味わうように喉奥に出し入れして……。

「う、ううう……あ、ああ……た、たまらん！」

彼は呻くようにそう言うと、私の体を持ち上げて、いったんフェラを止めました。そして逆に私を布団の上に押し倒してくると、両脚を左右に大きく開かせ、もともとノーパンの股間をパックリと剝き出しにし、そこへ顔を突っ込んできました。

「ジュルル、ジュル……ピチャピチャ、チュブ、ジュパパパ～～～～ッ！」

私の肉芯は、そうやってあられもない音を立てながら吸われまくり、ものすごい量の淫汁を溢れ出させ、淫らにわななきました。

「……あ、ああ……お、おねがい……あなたのこの太くて固いオチン○ン、私の中に早く突き入れて！　そして思いっきり掻き回してぇ～～～～っ！」

私の喉奥から、そんな恥も外聞もない懇願の言葉がほとばしり、彼はそれに応えて私を四つん這いにさせると、ペロリと着物の裾をまくり上げてお尻を丸出しにしました。そして左右の尻肉をきつく鷲掴みにしながら、バックからズブズブ、ヌプヌプと力強く挿入してきました。

「んあっ、ああ……オマ○コすごい……し、締まるぅ～～～～」

「あ、ああっ！　オチ○ポ大きいっ！　奥まで当たるぅっ！」

私たちはめいめいに喜悦の雄叫びをあげながら、互いの肉を激しくぶつけ合い、むさぼり合い……そしてとうとう、

「イクイク、イクのぉ……あ、あああぁぁぁ～～～～～～っ！」

「あぐぅ……お、俺ももう……う、ううっ！」

お互いに想いの丈をほとばしらせながら、達していました。

それは、ゆきずりには違いないけど、心満たす一夜の体験でした。

■あたしは大きな亀頭を口に含み、舌を巧みに使いながら吸い上げ、ねぶり回して……

食べものもチ○ポも、おいしくいただいた名古屋の夜

投稿者 鴨下咲江（仮名）／26歳／フードライター

あたし、フリーのフードライターやってます。飲食街の美味しいお店の紹介や、その料理の実食ルポ、スタッフの取材といった、飲食店にまつわるさまざまなことを記事にして、雑誌や旅行ガイド、ＷＥＢに掲載してお金をいただく仕事をしてるわけです。

当然、主要都市圏だけでなく遠方に取材に行くことも多く、あたしはそれをと～っても楽しみにしてるんです。

実はあたし、食べもの以上に好きで好きでたまらないものがあって……それは何を隠そう、男性のチ○ポ！　え、それもソーセージみたいなもんだって？　まあそう言われてみれば確かに……んもう、変な茶々入れないでくださいよお！

いろんな男性のいろんなチ○ポの形や大きさ、さらに言えばいろんな味や匂いを楽しみ、それらの体験もまた自分個人のサイトで『サキエの全国おチ○ポ漫遊記』とし

て記事化して、けっこうなPV数があるんですよ。

つまり、食べものの記事を書くために契約先から交通費などの諸経費を出していただき、メインのその仕事をしつつ、同時に訪ねた先で男性のチ○ポを味わえば、経済的に自分の腹は痛まず、一粒で二度おいしい思いができるってわけです。

その日は、マニアの間では有名なエビフライ専門店の取材をするために、名古屋に向かいました。頭からしっぽの先まで全長二十センチはあろうかという立派なエビフライが二本もついた定食が、なんと税込み千円という安さで、もちろん味もプリプリ、ジューシーで折り紙付き！　あたしは大満足で頭の中で記事をまとめあげつつ、お店のご主人に別れの挨拶をして店を出ました。

その時点で時刻は夜の八時すぎ。

あたしは前もって調査済みの、とある公園へと向かいました。

そこはまあまあ大きな規模の公園なのですが、実はここのトイレが一部で有名なスポットになっているっていうんです。

そう、もちろん、『男性のチ○ポを味わう』ためのスポットです。

なんでも、そこのトイレには個室が二つあるらしいのですが、その薄い板でできた仕切り壁には直径七、八センチの丸い穴が開いているといいます。そして自分のチ○

ポをしゃぶってほしい男性が片方の個室に入り、その穴にチ○ポを入れると、もう一方の個室に入った、チ○ポをしゃぶり味わいたい女性（たまに男性がいる場合もあるらしいです！）が、そのお相手をするというんです。

あたしが知る限り、そんなとんでもない行為が繰り広げられているスポットは、全国でもここぐらいです。

しゃぶらせたい男性と、しゃぶりたい女性と……ニーズが合致したお相手同士が運よく出くわす確率は、そうそう高くはないと思いますが、あたしはその現場の雰囲気を自ら見聞して知るだけでも、サイトにいい記事が書けそうだと思い、高鳴る期待と緊張感を胸に現場に向かったわけです。

そのとき、時刻は夜の九時を回っていました。

公園は、まだ明るくにぎやかな周囲の街の喧噪から取り残されたかのように、ひっそりと闇の中に沈んでいるように見えました。

公園の一番奥にあるというトイレのほうに歩いていくと、そこだけくすんだ蛍光灯の明かりの中にボンヤリと浮かび上がるかのように、それはありました。パッと見、人気はないように見えましたが、私は極力物音をたてないように、忍び足で接近していきました。

そして、例の隣り合う二つの個室の前に立ったのですが、向かって左側の個室はドアがしっかりと閉じられ、中から鍵がかかっているようでした。でも逆に右側の個室のほうは薄くドアが開き、便器だけある室内は誰もいませんでした。

（……え、これってもしかすると、もしかするかも……？）

あたしは心拍数を上げながら、空いている右側の個室のほうに入り、中から鍵をかけました。すると、聞いていたとおり、隣室との仕切り壁には丸い穴が開いていました。地面から一メートルくらいの高さだったでしょうか。

そこで、勇気を出して仕切り壁の向こう側に言ってみたんです。

「こんばんは、あの……そちらに誰かいますか？」

しばし、返事はありませんでした。

でも、あたしにはわかりました。

向こうは、あたしが女性であることを確認し、そして例の『目的』を持ってやってきた相手なのかどうかを探っているのだと。

そこであたしはさらに言いました。

「あの……しゃぶらせて、もらえますか……？」

すると一拍の間のあと、例の穴から、それが突き出されてきました。

まだ勃起はしていないけど、それでも亀頭の大きな、全長十二〜十三センチ近く、太さも三、四センチある、十分立派なイチモツ……。

あたしは思わず、ゴクリと生唾を飲み込んでいました。

（ああ、おいしそう……）

うっとりしながらあたしはその前にしゃがみ込み、穴からだらんと垂れている格好のソレに手を触れると、軽くしごき始めました。すると、またたく間にそれは反応し、固く大きく、みなぎっていき……ほんの十数秒後には見事に勃起し、仕切り壁の上側にくっつかんばかりに垂直に反り返っていました。

「ああ、すごい……いただきます！」

あたしはいつものごとく、食べものを前にしたときと同じように礼儀正しくそう言うと、大きな亀頭を口に含み、舌を巧みに使いながら吸い上げ、ねぶり回していきました。すると、亀頭はさらに力強く膨らみ、太い肉竿もビクビクと震えながら、うねるような血管を浮き出させてきました。

今や全長十八センチ、太さ六センチの威容を誇る、あまりにも見事なチ〇ポ！

「ああん、たまんないっ……！」

あたしは思わずそう口走ると、一気にソレを喉奥まで呑み込み、そこで締め付けと

緩めを繰り返しながら、凄まじい勢いでバキュームフェラを繰り出しました。すると、

「……んっ、んぐ、うう……あっ……」

あたしの鍛え上げたフェラテクに降参するかのように、隣室から男性の甘くせつないような喘ぎ声が聞こえてきました。

（ああ、いいのね？　あたしのフェラで感じてくれてるのね？）

あたしのほうもどんどん官能テンションが上がっていき、フェラしながら、自らもジーンズの前からアソコに手を突っ込み、ワレメをいじくり回していました。

「あふっ、はぁ、あぐ……ううう、んはぁ……あうっ！」

「あ、あ、あ、あああ……う、うぐぅっ！」

次の瞬間、あたしの口の中でチ○ポが爆裂し、とんでもない量のザーメンがほとばしると、あたしは少しはこぼしてしまいましたが、その濃厚な粘液のほとんどをゴクゴクと喉を鳴らして飲み下していました。

「ごちそうさまでした」

もちろん食後も礼儀正しく、あたしはそう言っていました。

■清水さんのその巨体に負けない立派なペニスがグングンと勃起度を増していき……

ママさんバレーの指導にきた超一流選手と禁断快感合宿

投稿者 篠井佳織（仮名）／30歳／パート主婦

私は、中・高と部活でバレーボールをやってきたこともあって、結婚生活がある程度落ち着いてくると、乞われて地域の婦人会のママさんバレーボールチームに所属して、もう一度プレーヤーとしてがんばることになった。

練習は毎土曜日の夜七時～九時ということで、夫の理解のもと、三歳の娘は近くの実家に住む母が面倒を見てくれて、無理なく楽しく練習ができていた。

すると、そんな環境がよかったのか、私はエースアタッカーとしてめきめきと頭角を現し、チームの戦力向上に貢献、この夏、予選をあれよあれよという間に勝ち進み、なんとチーム結成史上初めての全国大会出場を決めてしまったのだ。

「こうなったら特訓合宿だ～！　目指すは全国制覇！　エイエイオー！」

監督はがぜん張り切ってしまい、私たち選手は皆、その問答無用の同調圧力に屈するかのように自身の都合を調整し、私もなんとか母を納得させ夫を説得し、長野での二泊三日の強化合宿への参加を可能にしたのだった。

そして当日、現地へ向かうマイクロバスの中で、監督が運転しながら言った。

「いつもは俺一人で指導してるけど。今回ばかりはそれじゃとても追いつかない、スペシャルコーチを招聘したからな！　皆とは現地で初顔合わせっていうことで、楽しみにしてろよ！」

うわ、まさかのサプライズまで……監督さん、ノリノリだなあ。

皆、正直ちょっと苦笑していたが、その後、実際に顔を合わせた、そのスペシャルコーチの彼は、本当にスペシャルな人だったので、マジ度肝を抜かれてしまった。

なんと彼は、清水国広選手（仮名）……ほんの三年前まで日本代表として活躍していた、正真正銘の超一流プレーヤーだったのだ。間近で見るその身長一九三センチ、体重九十八キロの立派なマッチョボディはまさにド迫力で、私をはじめとするチームの面々は、ただただうっとりと見とれてしまうばかり。

「実は彼、俺の大学の後輩なんだよ。この際、ダメ元で頼んでみたら、なんと二つ返事でOKしてくれたもんだから、俺もマジびっくりしちゃったよ」

「あはは、そんな……尊敬する先輩の頼み、最優先で当たらせてもらいますよ。皆さん、この二泊三日の間、どうぞよろしくお願いします！」

「はいっ、よろしくお願いしまーす！」

私たちは我に返ると、慌てて声を揃え、そう返礼したのだった。

初日のその日は、昼食後の午後三時頃から練習が始まり、夕食の一時間を挟んでみっちり夜九時すぎまで、実戦での攻撃フォーメーションの確認、及び反復練習を中心にかなりハードなメニューが組まれたが、なにしろ清水スペシャルコーチの指導が本当に的確でわかりやすく、体力的にはヘロヘロだったものの、確実に自分たちがプレーヤーとして成長できているという充実感でいっぱいだった。

そして二日目、昨日とほぼ同じメニューをさらに精度とレベルを上げてこなしていたのだが、その間、やはり同じアタッカーとしてどうにも気にかかってしまったのだろう。清水さんは練習でも、ちょっとしたプライベートでも何かと私に目をかけてくれて、なんだか私、二人の間の距離感ががどんどん狭まっていくように感じていた。

そしてその日の夜のことだった。

すべての練習を終え、入浴を終えてさっぱりとしている私のもとに、清水さんが何気ないふうを装って接近してくると、ひそひそと言ったのだ。

「これから夕食のあと、二人きりになれないかな？」

「……え？」

「いや、その……佳織さんのこと、もっともっと知りたいな、と思って。だめ？」

「ううん、だめなんかじゃ全然ないです。嬉しいです」

そして私たちは十時に、合宿所から歩いて五分ほどの場所にある駐車場の、ここまで清水さんが乗ってきた、ごっついランドクルーザー前で待ち合わせた。

「無理言っちゃってゴメンね」

尚もそう言って遠慮気味な空気感を出す清水さんに、若干のイラッと感を覚えた私は、爪先だって一七三センチの体躯を目いっぱい背伸びさせ、二十センチ背が高い彼の唇にキスしてた。

「んんっ、うぐ……んふぅ……」

最初、私にされるがままに舌を吸われ、唾液を啜られてはうっとり恍惚としていた清水さんだったが、そのうちさすがにこのまま周囲に身をさらしてちゃまずいと思い至ったようで、私の唇を引き剝がすと。車の荷台部分のドアを開けた。そして軽々と私の体を持ち上げ、ドサっと中に放り入れて。

「ああん、清水さんたら乱暴なんだからあ！」

私はそう責めるような口調で言いつつ、実際には「思惑どおりね」とほくそ笑んでいた。私がそのとき、あえてその場に着てきた格好は練習用のユニフォームで、上はタイトなタンクトップ&もちろんノーブラ、下はギンギンに股間に生地が食い込んだブルマータイプのアンダーだった。この二日間、練習指導中の彼を目で追いつつ、その興奮ポイントを観察・分析した私は、もしもこうなったとき、彼を落とせる可能性が最も高いSEXYコスチュームとして、この格好を選択したというわけだ。

「ああっ、モッチモチの太腿、オマ〇コすれすれの股間、タンクトップの生地にプックリと浮き出した乳首……た、たまんないっ！」

清水さんは私を広い荷台に押し倒すと、分厚くて大きな手でタイトに締まったタンクトップ越しにムニュムニュと乳房を揉みしだき、その後裾をペロリとめくり上げ、汗まみれで火照った乳首をペロペロ、チュウチュウと舐め、吸い啜った。

「……んあっ、はあぁっ、あああん……！」

私もそう喘ぎ悶えながら、手を下のほうに伸ばすとジャージ越しに彼の股間に触れ、コリコリ、キュウキュウとこね回すように愛撫した。その巨体に負けない立派なペニスがグングンと勃起度を増していき、もうジャージを突き破らんばかりに窮屈そう。

私はその下の下着ごと彼のジャージを剝ぎ取ると、体を入れ替えて勃起ペニスにむしゃぶりついていった。すると彼のほうも、あえて脱がすことはせず、ユニフォームの股間部分を無理やりこじ開けるようにして、中のイヤラシイ具をはみ出させ、そこに喰らいつき、ジュルジュルと吸い立ててきた。

ああ、この無理やりな感じが、ホントいいのよね～～～！

私はそうひとりごちながら、続いてスルスルと彼の体の上に這い上がり、その佇立したペニスを騎乗位で自分の肉割れの中に呑み込んでいった。

「んあぁっ！　お、奥までくるぅっ！」

「あ、はあっ、すごい……締まるぅ～～～～！」

その後十分間、お互いを求めむさぼり合った私と清水さんは、共に果て、喜悦の叫びをあげていた。

さて皆さん、このあと私のチームが全国大会に出てどういう成績を収めたか気になるよね～？

はい、結果は二回戦敗退でした～！

とっても悔しかったから、来年はもっとがんばりたいところだけど、果たして清水さん、また指導に来てくれるかな～？

■私はマコちゃんと奪い合うようにして左右から社長の肉棒をねぶり立てて……

思わぬ事務所3Pでアソコもふところも大満足!

投稿者 蔵前あかり(仮名)/28歳/デザイナー

都内の、全従業員数四名という小さなデザイン事務所で働いています。

つい先週の土曜の夕方頃、どうしても在宅仕事に必要な資料があり、それを回収するために土曜出勤しました。

雑居ビルの三階に上がると、事務所のドアの鍵を開け、中に入ろうとしました。もちろん、古い設備のビルで電子キーなんて代物ではないので、ガチャガチャと鍵穴を回していると、ドア板を通して室内から何やら人声が聞こえてきました。

あれ、今日は誰も出てないはずなのにおかしいな……。

私は怪訝に思いながらも、鍵穴を回す音をゆっくり慎重に低めました。

そして、カチリと開錠された音がしたので、そろそろとドアノブを回しました。薄くドアが開くと、さっきよりも明瞭に人声が聞こえて……。

「ああ、いいよ、マコちゃん……そこ、もっとタマを濃厚に舐め回して……ああ

「……」

「……ああん、はぁ……こうですか？　んんっ、んぶっ……」

それは、明らかにK社長（三十六歳）と、アシスタントデザイナーのマコちゃん（二十五歳）の二人の声で、しかも神聖な職場で、どうやらとんでもなくいかがわしいふるまいをしているようです。

もちろん、K社長は結婚していて小学生の娘さんまでいますが、前々からフェロモン過剰娘のマコちゃんとデキているのではという噂があり……でも皆、そんなの知ってもめんどくさいだけなので、あえて見て見ぬふりをしていたという経緯がありました。それは私だって同じスタンスだったのですが、このとき、二人の思いがけないやりとりを聞き、その聞き捨てならない内容に、がぜん色めきたってしまったんです。

二人の声がするほうを物陰からそーっと覗くと、事務机に座り、ズボンと下着をくるぶしまで完全に引き下げたK社長の前にひざまずいたマコちゃんが、勃起したペニスをしごきながら、玉袋を口内に含んでクチュクチュ、ベロベロと愛撫しながら、こう言っているのが聞こえたんです。

「でも、社長……んじゅぶ、じゅる……本当に特別ボーナス、出してくれるんですか？　ヤリ逃げは許しませんよぉ？」

「……んん、んあっ……ああ、も、もちろん、ちゃんと払うとも……たっぷりご奉仕して、気持ちよく俺のキンタマの中空っぽにしてくれたら、特別ボーナス五万だ！」

な、なんですと〜〜〜〜⁉

この、私の怒りと驚愕の心の叫びには、それ相応の理由がありました。

実は今夏、うちの会社も例にもれず、コロナやら不景気やらの影響のもと業績が悪化……いつもの夏なら最低でも三万は出ていた賞与が、まさかのゼロ回答！　それでも皆、状況をちゃんと理解していたので、文句も言わず気を取り直してがんばろうと、ガマンして納得してたんです。

と、ところが！　なんと仕事スキル的にはまだまだ半人前以下のマコちゃんが、その人よりもちょっと奔放なフェロモンと、スケベな性格のおかげで、一人だけ抜け駆けで五万円もの大枚を手にしようとしてやがったんです！

これはさすがに黙ってはいられませんでした。

なんてったって私、つい三ヶ月前にカレシに振られて男日照り状態なところに、さらにはこのボーナスゼロの金欠状態！　アソコもふところもピイピイ状態だっていうのに、この女はなんとその両方をゲットしようだなんて……！

「ちょっと待ったぁ〜〜〜！」

私は思わず叫びながら、室内に乱入してしまっていました。

「な、なななっ……蔵前さん、なんでっ……⁉」

「せ、先輩、どうしたんですかぁっ！」

K社長とマコちゃんの動きは止まり、さすがの社長の巨チンも見る見る小さくしぼんでいきました。

「話は全部聞いてました！　こんなのズルイですよ～！」

私がそう言って二人を非難すると、社長は慌てて言い、

「わ、悪い！　申し訳ない……今すぐ、こんなことはやめるからっ……」

「う、うん……先輩、すみませんでした……」

マコちゃんも謝ってきましたが、問題はソコじゃないんです！

「いやいや、やめなくていいから……私も二人に交ぜてくださいよお！　そんでセックスさせてください！　お金くださいっ！」

「……ええっ！」

二人して目をまん丸にして、私のことを見つめてきました。

それであらためて、私が心の内のホンネをぶちまけると、K社長がなだめすかすように言ってきました。

「なるほど、そういうことか……わかった。じゃあこうしよう。さすがに一人五万ずつは厳しいから、二人で俺のことを楽しませてくれれば、一人三万ずつ払おう。それでどうだ？」

私としては、ゼロが三万ですから何の文句もありませんが、マコちゃんも根は素直ないい子なので、

「あ、あたしも、先輩がそれで納得してくれるんなら、全然いいですぅ」

と答え、アッという間に話はまとまりました。

「あ、念のために言っとくけど、このことは木下さんには内緒だよ？　あくまで我々三人の間だけの秘密ということで」

社長の言葉に、私とマコちゃんは「もちろんです！」と即答しました。

木下さんというのは、もうあと一人いる女子社員のことで、ぶっちゃけドブスのお局デザイナー……腕はいいけど、女としては論外という感じで、この社長の申し出については、さすがの私もマコちゃんも納得です。

そして、私とマコちゃんは、下半身をさらして椅子に座ったままの社長を見下ろしながら、それぞれの服を脱ぎ始めました。

はっきり言って、フェロモンと可愛さならマコちゃんに敵わないけど、私、自分の

ダイナマイトバディにだけは絶大な自信を持ってて……それは、徐々に裸体をさらしていく私とマコちゃんに対する社長の食いつき方の違いからも一目瞭然でした。

「お、おおっ……く、蔵前さん、き、きみっ……」

Ｆカップのブラの下から現れた私の豊満な乳房に吸い寄せられるように、社長は顔を寄せてきて……大粒の乳首に吸いつくと、チュバチュバ、レロレロとむさぼり始めました。その口淫テクは濃厚＆的確で、私も思わず身をのけ反らせて感じ、悶えてしまいました。

「あっ、ああ……社長、もっと……もっと強く吸ってぇ！」

「はぁ、はぁ、はぁ……ああ、蔵前さん、おいひいよぉっ……」

いったんしぼんだ社長も、見る見るまた回復してきて、股間に立派な屹立が戻ってくるや、すかさずマコちゃんがソレにしゃぶりつきました。

「……ンジュブ、ヌブッ、ジュルジュル……んはっ、はぁ、ああん……」

「んぐふっ、ああ、いいよ、マコちゃん……」

「ああん、社長、あたしもしゃぶらせてえっ！」

私もたまらず社長の股間にすがりつき、マコちゃんと奪い合うようにして左右から肉棒をねぶり立てました。

「うおっ、おお……やばっ！　チ○ポ、ギンギンだあっ！」

とうとう辛抱できなくなったマコちゃんが、体を入れ替えてお尻を突き出すと、その濡れた秘穴に社長が肉棒を突き入れ、ゆさゆさと激しく貫きました。

「あ～～～～ん、いいっ……社長、イク～～～～～ッ！」

すぐに果ててしまった彼女を押しのけるようにして、私は社長の膝の上にまたがり、上からマン肉で肉棒を呑み込んでいきました。

奥の奥まで届いてくるような極太の肉圧がたまりません！

「んあぁッ、はぁッ、あ、ああッ……いいッ、しゃ、社長～～～～！」

そうやって、私とマコちゃんが代わる代わる何度もイキ果てている間に、社長は都合三回、たっぷりと濃厚なザーメンを射ち放ちました。

私はそのすばらしいオーガズムにもう大満足です。

こうして私は、思わぬ形でアソコとふところの不平不満を満足させたのでした。

■プヨン……と、私の丸くて大きな、そして白い肉毬が柔らかく揺れ弾けて……

初恋の店長さんに豊満な肉体のすべてを捧げて

投稿者　設楽知世（仮名）／21歳／大学生

それは私の、この世に生まれ出てから二十一年目にして、初めての恋。

相手は、大学の近くにある、よく行く書店の店長さん（二十七歳）。

私が、自分の好きな小説家の新刊について問い合わせると、なんと偶然、店長さんもその作家の大ファンだったということで……これをきっかけによく言葉を交わすようになり、気がつくと彼のことが好きで好きでたまらなくなってた。

ところがそれからほどなくして知ったのが、店長さんが妻子持ちだっていう、ショッキングな事実で……私は潔く彼のことをあきらめようと必死で努力したんだけど……できなかった。

いや、さすがに結婚したいどうこういうのは無理だとしても、私が生まれて初めて愛した、人生最初で最後の初恋相手の彼に、自分の処女を捧げたい！　その強い想いだけは拭い去ることができず、私は一世一代の作戦に打って出たのだ。

その日、もうすぐ夜の九時にならんとする頃。

お客さんの数もだいぶ少なくなった閉店間際の時間に、私はさりげなく書棚から手にとった一冊の本（もちろん、例の作家のものだ）を持ち、レジで接客をしている店長さんの近くへと向かった。

そして、いつものやさしい笑顔で応対する彼の目を「盗まないで」、あえてその視界に入るようにして、持参してきたトートバッグの中に未精算のその本を滑り込ませた。

「…………！」

彼の目は、たしかに、私の万引きの一部始終をその視界の中にとらえていた。

一瞬、私と彼の目線は中空でからみ合った。

私はそのまま、まだレジを通ることなく、店内をぐるぐると回遊した。

そのうちとうとう閉店時間となった。

店長さんは他のスタッフに次々と笑顔で声をかけると、先に退勤するよう皆に促していった。

「お疲れ様でーす」「お先に失礼しまーす」

そして九時二十分、店内の照明は次々と落ちていき、最後に残った明かりは店長室前のものだった。そこに佇んだ店長さんは私のほうを見ると、視線だけで中に入るよう顎をしゃくってきた。

それに従って私がその狭い室内に入ると、店長さんは内側から鍵をかけながら声をかけてきた。

「……で？　話を聞かせてもらおうか？」

「万引きしました。捕まえてください」

私がそう答えると、

「レジを通すのはこれからでしょ？　まだ万引きは成立してない」

店長さんはそう言ったが、私もひるまなかった。

「……と、店長さんが万引きをそそのかしたって、言います」

「僕の人望を知ってるかい？　誰もそんな話、鵜呑みにしないよ」

「店長さんこそ、女の子の本当の怖さ、知らないでしょ？」

「…………何が望みなの？」

「店長さんに、私の処女を……もらってほしい」

そう言う私の目を見つめ返す店長さんの顔は、それほど驚いてはおらず、半ば私の要求を予期していたであろうことが窺えた。

「……言うとおりにしてあげたら、僕のこと、きれいさっぱり忘れてくれる？」

「……はい」

私に二言はなかった。彼のことを真剣に愛していたから。

「じゃあ……脱ぎます……」

私はそこに立ったまま、カーディガンのボタンを外していき、内側からシャツの前を弾け飛ばさんばかりに膨らみ突っ張っているバスト部分をアピールした。

（ふふ、店長さん、いつも涼しげで真面目ぶった顔しながら、こっそり私のこのHカップの胸を盗み見てるの、知ってたんですよ？　大きいオッパイ、好きなんでしょ？）

私は彼に悩まし気な視線を送りつつ、さらにシャツの前ボタンを外し、脱ぎ去ったそれを椅子の背もたれにかけた。そして続いてブラを取り去って。

プヨン……と、私の丸くて大きな、そして白い肉毬が柔らかく揺れ弾けた。

「……あ、ああ……」

するとさっきまでの、まだ冷静さを装っていた目線が緩み、店長さんの両の目尻がいやらしく垂れ下がった。

「ほら、いいんですよ、舐めても……吸っても……」

「ああ、知世ちゃん……」

ごくり。

店長さんは大きく喉を鳴らして生唾を飲み込むと、長身の体を私の前にひざまずかせて、乳房に手を這わせながら吸い付いてきた。

「……んじゅぶ、じゅるじゅる、チュウチュウ……ちゅぱちゅぱ……」

「ああ、店長さん……いい、気持ちいいわ……あ、ああ……」

胸への愛撫が伝わり、ジンジンと股間の肉を熱く濡らしていくのがわかった。パンティをずり下げながら、めざとくその淫靡な変化を感じとった店長さんは、鼻面をズブズブと私の股間にめり込ませて、ドロドロの肉ひだを掻き回してきた。

「……んあ、あ、ああん……いい、いいわ、店長さんっ！　早く……早く店長さんのオチン〇ンで、私のオマ〇コ、犯してほしいっ！」

「ああ、知世ちゃん……すごいドロドロだよっ……！」

「あーん、店長～～～～～っ！」

私はこの日のために特訓を積んだフェラテクで店長さんのペニスを舐めしゃぶり、さんざん大きく勃起させると、服を全部脱ぎ去ってテーブルに両手をつき、お尻を後ろに大きく突き出した。

「ああん、きてぇ、店長……思いっきりきつく深くつらぬいてぇっ！」

「ううう、知世ちゃんっ……！」

ケモノじみた唸り声とともに、私の肉門を裂いて店長さんの肉棒が突き入れられてきた。そしてガクガク、ズンズン！　と激しく抜き差しされて……！

「ああ〜〜〜、んあ〜〜〜〜〜〜……んくぅ〜〜〜！」

「うぐう……知世ちゃんっ、き、きついよ〜〜〜っ！」

「あぐっ……痛っ！　ゥぐぅ……んはっ、はぁ、あっ……」

破瓜《はか》の激痛はいつしか女としての悦びに呑み込まれ消え去り、私は幾度となく絶頂の淵に昇り詰めていた。

こうして私は、この世で一番大事な初恋の思い出を処女の秘宝箱に閉まったまま、店長さんのことをきれいに忘れ去ったのだった。

第四章

喜悦の限界を超えて

■みっちりと密生した濡れた肉ひだがペニスにからみつき、きゅうきゅうと締め上げ……

出張先のホテルの若き女社長との激しく濃密な夜

投稿者 船場正之（仮名）／35歳／会社員

世に蔓延していたコロナ禍もようやく落ち着きを見せてきたということで、久しぶりに地方にあるお得意様の企業に、一泊二日でご挨拶兼打ち合わせの出張に行ってきました。この職務自体はつつがなく終えることができたのですが、その夜、思わぬアクシデントに見舞われてしまいました。宿泊する予定だったビジネスホテルで火事が起きて、泊まれなくなってしまったんです。

平日の夜ということでその日の宿泊予定者は十人足らず……ほとんどがすぐに代替のホテルや旅館を手配してもらうことができたのですが、私に限ってなかなか決まらず……結局、思いもしない申し出を、しかもこっそりと打診されたのです。

「当ホテルの社長宅でよろしければ、遠慮なくお泊まりください。もちろん、宿泊代金はけっこうです。あ、いえいえ、領収書はお出ししますよ、はい」

なかなかありがたい申し出でした。宿代がタダになるどころか、実質会社から八千円の出張経費という名の臨時収入をせしめることができるわけですから。

私は喜んで承知し、ホテルからタクシーで十分ほど行ったところにある社長宅に案内されたわけですが……そこにはさらなる嬉しい驚きが待ち受けていました。

そこはまずまず豪勢な造りの邸宅でしたが、私を出迎えてくれた社長は、なんと三十代そこそこの、かなり『イイ女』だったんです。

顔は女優の木村○江を思わせる色気のある和風フェイスで、カラダは全体的に細身ながら出るところは出て、引っ込むところは引っ込んでいる、適度にメリハリの利いたナイス・プロポーションで……ズバリ、もろ私の好みのタイプでした。

「このたびはとんでもないご迷惑をおかけして、まことに申し訳ありませんでした。狭い拙宅で恐縮ですが、どうぞご遠慮なく一晩お過ごしください」

優菜と名乗った女社長は、私の見立て通りにまだ三十四歳という若さで、父親である先代の社長が病気で急逝し、すでに母親も亡くなっていたため、一人娘の彼女が急遽継ぐことになったという話でした。

夕食に高級な仕出し弁当をご馳走になり、ゆっくりと清潔で広いお風呂をいただいて……万全のホスピタリティに満足しながら、夜の十一時頃、私は客間のベッドに横になりました。この上さらにあの美人社長から肉体接待、なんてーのは、さすがに虫のよすぎる話だよな。私は自分の勝手な妄想に苦笑しながら、いつしか心地よく眠りについていました。

その後、尿意を催して目を覚ましました。時計を見ると夜中の二時半頃でした。私は眠い目をこすりつつ、客間のある二階から一階へとトイレに向かい、用を足しました。そしてスッキリして戻ろうとしたところ、何やら妙な音（声）が聞こえてくるのに気づきました。どうやらリビングのあるほうからのようで、見るとまだ明かりが漏れていました。

優菜さん、まだ起きてるんだ。

何気なくそう思った私でしたが、同時に、さっきから聞こえてきている音の異常性に気づきました。

「あ……あ、あん……はぁ、あぁ……ん、んんっ……」

くぐもり、うわずり、とぎれ……えも言われぬ湿り気を帯びたその悩ましい音は、あきらかに優菜さんの喘ぎ声だったのです。私は思わずゴクリと生唾を飲み込むと、足音を忍ばせてその声のするリビングのほうへと近づいていきました。

そして薄く開いたドアの隙間から室内を覗き見ると……私が想像していたとおり、そこには、ソファの上で大股を広げて自身の股間をいじりオナニーしている優菜さんの痴態がありました。テレビモニターには何やら卑猥な画像が映り、そこから優菜さんの耳へとイヤホンがつながっています。

どっと私の身中で興奮が高まり、痛いほどに股間が勃起してきました。私は浴衣の裾を割ってソレに手を添えると、優菜さんの痴態を食い入るように凝視しながら激しくしごき立てていました。

優菜さんのシャツの前もはだけられ、ノーブラの剝き身の白く柔らかそうな乳房が、たわわに実り、揺れ乱れて……ううっ、たまらんっ！　私はがぜんいきり立ち、フィニッシュに向かってさらに激しくわが身を擦り上げて……と、勢い余って前のめりになりすぎたばかりに、私は前方につんのめった挙句、ドアを押し開けて室内によろめき入ってしまいました。

瞬間、室内の空気が凍り、私と優菜さんは互いの目を見交わしていました。

どちらも声を出すことができません。

あらためて近くで見る彼女のカラダ……豊かで美しい乳房と、白く肉感的な太腿、そして黒々と密生した股間の茂みの間から見える濡れた赤身肉は、本当にエロくてすばらしくて……ますます興奮する私でしたが、はたと一瞬、素に戻り、えっ、これもしかして、俺って通報されちゃう⁉　と血の気がサーッと引きました。が、それは杞憂だったのです。

優菜さんは表情を和らげて笑みを見せると、私に向かって手招きしてくれたんです。私はホッとして、浴衣を脱ぎながら彼女のほうに近づいていきました。そして彼女の座るソファのところまで来たときには、素っ裸になっていて。

「ああ、とってもたくましいのね……」

そうなまめかしく言うと、なんと彼女は私のいきり立ったペニスを手にとり、ゆっくりとしごきながら舌をからめ始めました。真っ赤になってパンパンに張り詰めた亀頭をねぶり回し、おしっこの出る穴をクチュクチュと淫靡にほじくり回し、裏筋を豪快に何度も何度も舐め上げ、舐め下ろして……そして仕上げとばかりにずっぽりと先っぽから咥え込むと、すごい勢いで頭を上下させてしゃぶり倒してきました。

「あ、あう〜〜〜〜っ……す、すごい……き、気持ちいいっ！」

私がたまらずそう喘ぎ、今にもイキそうな声音を出すと、いったん優菜さんは口を離し、口もとを唾液と私の先走り汁で妖艶に濡らし光らせながら、こう言いました。

「だめだめ、まだイッちゃだめよ。これからい〜っぱい、あたしのこと、感じさせてちょうだい！」

そして自ら服を脱いで全裸になると、私をソファの上に押し倒し、双方の姿勢を上下逆にした格好で覆いかぶさってきました。そのまま再び私のペニスを手にとり、根本をきつく握り締めながらしゃぶり始めると同時に、自分の股間を私の口に押しつけてきました。もちろん、大洪水のように濡れていました。

「んじゅぶ、うぐ、じゅるじゅる、じゅぶぶぶ〜〜！」

「んあっ、はあっ……じゅぶ、じゅぶぶ……んばっ、あう……ずぶぶぶ……あ、ああああああ〜〜〜〜〜〜〜〜〜〜〜〜〜〜〜〜っ！」

彼女のほうが私の何倍も官能に飢え、欲望を溜めまくっていたようで、私からの口淫愛戯に感じまくった挙句、次第にフェラの具合はおざなりになっていきました。

「あうん、はぁ、あ、ああ……いい、んあぁあぁ〜〜〜〜〜〜っ！」

いよいよここが潮時だなと判断した私は、彼女のカラダを自分の上からはねのけてソファに仰向けに押し倒し、正面から覆いかぶさっていきました。そしてこれ以上ないほどギンギンにいきり立ったペニスを彼女の肉門に押し当てると、そのままズブズブと差し入れていきました。みっちりと密生した濡れた肉ひだがペニスにからみつき、きゅうきゅうと締め上げてきて……私はそのたまらない快感に堪えながら、必死に腰を突き動かし、彼女を責め立てました。

「あっ、ああっ！　あひ、ひぃ……いい、いいわぁ……あん、ああ……もっと、もっと……もっと突いてぇ～～～～っ！」

私の腰に両脚を巻きつけ、きつく締め上げながら喜悦の絶叫をあげる姿は、まさに官能に飢えた女獣でした。

結局その後、私は三度も精を搾り出され、いつ果てるともしれない彼女のオーガズムの爆発のために、死ぬ気で奉仕させられたのでした。

事後、彼女はタバコをふかしながら話してくれました。

次々と両親を亡くした悲しみと孤独、突然のしかかってきたホテル経営のプレッシャー、そしてそれゆえに恋愛をする暇もないほど忙しく、追いつめられる過酷な日々……そんな中、オナニーぐらいしかストレスを発散する手立てがないこと。

「だからごめんなさいね。思わぬアクシデントから生身の男のあなたを間近に感じることになり、自分でも信じられないくらい狂っちゃった…………」

私にとっても忘れられない出張旅になりました。

また機会があれば、ぜひ再会したいものです。

■私は自分の唾液と彼のカウパー液でダラダラになったペニスを摑んでしごき……

結婚式帰省で私を待っていたピュアラブ&エクスタシー

投稿者　白石真由（仮名）／24歳／アルバイト

私、地元の高校を卒業後、声優を目指して東京に出て来て専門学校に通ってたんですけど、あまりにも厳しい道のりだなあって思って……今はそれをあきらめて、お花も好きだったもんで、花屋でアルバイト生活してます。何か次の目標をと考えるんですけど、そう簡単には見つからず、ちょっとダラダラ生きてるかんじです。

そんなとき、高校で仲のよかった奈緒から、今度結婚することになったから、ぜひ式に出席してほしいという連絡を受けました。

仲間内では初めてのゴールインってことで、ちょっとビックリ。

でも、自分が未だこんな中途半端な状態なこともあって、嫉妬と焦りみたいな感情がないまぜになってちょっと複雑な心境で……正直、素直には喜んであげられない自分がいましたが、建前上、もちろん出席の返事をして、正式に招待状を送ってもらいました。相手は勤め先の四つ年上の先輩男性ということでした。

それから三ヶ月後、私は三年ぶりに地元の地を踏んでいました。これまでなんとなく実家にも顔を出しづらく遠のいていましたが、お土産を持って両親を訪ねるととても喜んでくれて、少しホッとする思いでした。

私は駅前にホテルをとり、午後一時から式場内併設のチャペルで挙行される式に出席しました。奈緒はとてもきれいで幸せそうで、相手の男性も頼りがいのありそうな素敵な人で……当初はちょっとウジウジ思ったけど、こうして実際に花嫁姿の奈緒を見ると、素直に幸せになってほしいと思えて、よかったなあって。

披露宴も、奈緒がちゃんと気を利かせて、当時の仲良しグループでテーブルを用意してくれて、久しぶりに皆に会えて嬉しくて楽しくて、もうサイコーでした。

でも、その中に一人だけ、見覚えのない男性がいました。

名前を雅也さんといい、私のクラスメートだったといいますが、はて、こんな人いたっけ？　という印象。だって彼、けっこうかっこよくて、こんな男子がいたら、私絶対覚えてると思うんです。なのに全然記憶がない……？

とはいえ、話してると彼、かっこいい上にすごくかんじがよくて、あっという間に私たちは打ち解けてしまいました。そしてそのまま、二次会、三次会とほとんど彼とべったり一緒にいる形になっちゃって。

あれ？　これってなんか、けっこういい雰囲気……？

そう、雅也さんは明らかに私に対する好感ビーム（笑）をガンガン出してて、そのうち私もそれに当てられるような感じで、キモチもカラダも熱くテンションが上がってきちゃってたんです。

そんなこんなで、三次会が終わった夜の九時すぎ、他の皆が帰ったり、さらに四次会へと向かったりする中、私と雅也さんはけっこう自然に二人だけになり、私は思いきってホテルの自分の部屋へ彼を誘っていました。

「え、いいの？　うれしいなあ」

「……うふふ……」

彼の感じがよかったのはもちろん、私は『旅の恥はかき捨て』じゃないけど、普段東京の生活でくすんでるいろんなネガティブな思いを、この際パーッと忘れて発散したい！　という気分が強くなり、かなり積極的になってしまっていたんだと思います。

ホテルの部屋に入るなり、雅也さんは閉めたドアに私の背中を押し当てるようにして、大胆にキスしてきました。唇を割ってニュルリと舌を差し入れてくると、それを私の舌にからめてヌロヌロ、ジュルジュルと唾液を吸い、啜り上げてきて……そのあまりのテクニシャンぶりに、私の意識は真っ白に飛び、全身を怒濤のように快感の血流が駆け巡りました。

「……んあっ、はあ、あ、あああ……！」

思わずガクガクと腰が砕け、膝の力が抜けてしまいましたが、彼はそんな私を巧みに支え抱き、一張羅のドレスが傷まないよう気をつかいながら、ベッドのほうへと運んでくれました。そして丁寧にドレスを脱がしてくれて、私は流れるようにスムーズに全裸になっていました。

「あの……シャワーを……」

「そんなのいいよ。きみの生身のすべてを味わいたいから」

彼は自分でスーツを脱ぎながらそう言うと、ベッドに横たわった私を見下ろすようにたくましい裸体を見せつけてきました。引き締まった筋肉は本当にうっとりするほどステキで、それに何といってもその股間……雄々しく勃起したペニスは全長二十センチ近く、太さも直径五センチほどはあり、まちがいなく私のセックス体験史上最大サイズのチンコちゃんです。

恥ずかしながら、私はそれを見ただけでアソコがジュワッと熱くたぎるのを感じました。ああ、舐めたい……！

私はたまらず彼の前にひざまずくと、その股間に顔を寄せて愛戯を始めました。

彼の腰の左右に手を添え、ほぼ九十度に上向いた先端から唇でジュッポリと咥え込み、レロレロと舌をうごめかせて亀頭の縁や尿道口に刺激を与えながら、ズポズポ、ジュボジュボと吸い搾り、太い血管がウネウネと浮き上がった肉竿をしゃぶり倒して……自分の唾液と彼のカウパー液でダラダラになったところを摑んでニチュニチュとしごき上げながら、そのたっぷりとした玉袋全体を口内に含んで、チュバチュバ、コロコロと吸い含みながら転がして……。

「んんっ……ううっ！　くうっ……」

彼は甘ったるい呻き声をあげつつ、慌てたように私の口を離すと、ベッドに倒れ込んできて相互口淫プレイ（いわゆるシックスナインですね）に突入しました。

もうすでにすっかり濡れ乱れている私のオマ○コをピチャピチャ、ジュブジュブとしゃぶり味わうと、「ああ、おいし〜っ！」と何度も連呼しながら、さらに淫度を上げていきました。私のアソコはもう淫らに決壊寸前です。

「ああん、もうダメ！　早くそのでっかいオチ○ポ、私の中にちょうだいっ！　ガマンできないのおっ！」

私のあられもないおねだりに、彼はニヤリと笑って応えると、私を四つん這いの格好にさせ、あえてバックから挿入してきました。まるで私の好みを知り尽くしているかのように。

「あひっ、ひっ、んあぁ……あ、ああ～～～～ん！　き、気持ちいい～っ！　オマ〇コ狂っちゃいそ～～～～っ！」

「ああ、俺もいいよっ！　ううっ……やっと長年の想いが叶う……」

「……えっ？　……あ、ああ、あああ～～～～～～～～～っ！」

次の瞬間、ほぼ二人同時にフィニッシュし、私たちはぐったりとベッドに横たわりました。そして官能の余韻の中、彼は話してくれたんです。

高校時代、ずっと私を好きだったこと。でも、地味でさえない自分なんて相手にしてもらえないだろうと告白できなかったこと……そして今回、一念発起して、プチ整形とハードな筋トレで自分を磨き改造し、奈緒に頼み込んで私に近づけさせてもらったことなど。

私は彼のその一途な想いと努力に感動し、自分もまだまだ負けてられない、東京でもう一度がんばってみようという気持ちを新たにしたのでした。

奈緒、雅也さん、ありがとう！

■彼の肉竿の先端からは、もうすでにうっすらと透明なガマン汁が滲み出していて……

たくましいイケメン甥っ子とのひと夏の禁断カイカン

投稿者　山下のぞみ（仮名）／34歳／パート主婦

「明日から三日間、甥っ子の雅治をうちに泊めることになったから、面倒見てやってくれよな。あ、ちなみに俺はその間、東北のほうに出張でいないから。よろしく」

突然、夫がそんなことを言いだし、私、あたふたしちゃった。

いや、夫の身内を二晩泊めること自体はいいんだけど……夫よりも十才年上のお兄さんの息子である雅治くんは、甥っ子っていっても、今年二十六歳になる立派な成人男性なんだもの……そりゃ夫にとっては可愛い身内でそんなの気にならないだろうけど、あくまで義理の身内の私からしてみれば、ちょっと、ちょっとって感じ？　しかもその間、夫はいなくて私と雅治くんの二人だけだなんて！

こりゃ、意識するなっていうほうがムリでしょ～～～!?

っていうのも、雅治くんったら、かなりのイケメン男子なんだもの。

そんなこと、万に一つもないだろうけど、もし彼に言い寄られたりしたら、私、はっきり言って、ほぼほぼ転んじゃう自信がある……。

しかしまあ、そんな理由で断るなんてできるはずもなく、翌日、出張に旅立つ夫を見送ったあと、入れ替わりに雅治くんを我が家に迎えたっていうわけ。

「こんにちは、このたびはお世話になります。これ、ほんの手土産です」

やってきた雅治くんは相変わらず惚れ惚れするようなイケメンで、その立ち振る舞いも颯爽&爽やか！　今回の上京の目的は、某有名一流大学の大学院に通う彼にとって、二日間に渡って必須の研究会があるということで、絶対にはずせないもの。急に決まった予定であいにくと宿がとれず、我が家を頼ってきたというわけ。

「あらあら、そんな気をつかわなくてもいいのに」

彼の地元の特産品を受け取りながら、にこやかにそう言う私だったけど、内心はもうドキドキ&バクバク！

ああ、私、この三日間、彼を押し倒さないで済ませる自信がない……。

するとまずその日、第一の誘惑の瞬間がやってきた。

シャワーを浴びて浴室から出てきた彼の、ボクサーショーツ一枚のみしか身に着けてない、ほぼ全裸の姿に出くわしちゃったの！　その魅惑の姿ときたら……彼は頭がいいだけじゃなく、中高と陸上の短距離選手として活躍していたこともあって、そりゃもうすばらしく引き締まった細マッチョボディなのね。

なのに、股間の膨らみは細いどころか、たっぷり豊満で……ああっ、思わずヨダレがっ！　なにしろ夫は結婚してから年々カラダがたるんでいくばかりで、今や立派なフルメタボボディ！（笑）　エッチしたい気持ちになんかまったくならず、夫自身のほうも疲れ気味みたいで、ここ半年以上に渡ってうちはセックスレス状態。

それが、雅治くんの電撃のようなビジュアルのおかげで、なんだか『性欲スイッチ』をバシンと押されちゃったみたい。

うう、でも……ガマン、ガマン、私……。

と、初日はなんとか欲望にセーブをかけた私だったけど、二日目はダメだった！

昼間の研究会を終え、夜の八時過ぎに疲れて帰ってきた雅治くんは、家に入ってくるなりリビングのソファに座り、そのままウトウトと居眠りしちゃったの。

そんな彼のその日の格好は、まだかなり残暑のきつい日だったので、上はぴっちりとしたTシャツに、下はシャープなシルエットのハーフパンツ……いや、はっきり言ってカラダの魅力的なラインが全部丸見えなんですけどぉ！

細いなりに盛りあがった胸筋の上には、ぷっくりと盛り上がった乳首が透けて見え、ハーフパンツの股間部分も、昨夜のボクサーショーツほどではないにしても十分に膨らんで……ああ、ヒップラインも本当にきれい……。

次の瞬間、私の理性のタガがパチンと外されちゃったみたい。

花の蜜に引き寄せられるチョウチョのように、フラフラと雅治くんのほうに近づいて行った私は、彼の前に屈み込むと、ソロソロとTシャツの前をめくり上げていき、顔を出したその可愛い乳首を、細たくましい胸筋と一緒にペロペロ、チュウチュウと舐め、吸っちゃってた。まだ若く滑らかな肌の食感と相まって、それはたまらなくおいしかった。眠りの中でも性感が反応しているのか、彼は目をつぶったまま、ピクピクと乳首をひくつかせて……明らかに固く立ち上がってってった。

ああ、こうなるともう、下のほうも見たくて、味わいたくてたまらない！

私は乳首から唇を放すと、彼のハーフパンツの前ボタンを外し、そのままチィーッとジッパーを下ろしていって……するとその内側には、前をパンパンに膨らませたボクサーショーツが！

もう、止まらない！

私は何度かその膨らみを指先で撫でさすり、ビク、ビクン！　という力強いひくつきにしばしうっとりと感動したあと、とうとうボクサーショーツに手をかけ、スルスルと引きずり下ろしてってった。

そして太腿の付け根まで引きずり下ろし終えた瞬間、ブィン！　という音が聞こえたかと思うくらいの凄まじい勢いで、彼の勃起ペニスが飛び出し、跳ね上がった！

若く荒々しい肉竿の先端からは、もうすでにうっすらと透明なガマン汁が滲み出していて……う〜ん、た、たまらんっ……！

私はもう完全に自制心を失くし、ガチフェラを始めてた。

亀頭をレロレロと舐め回し、ジュルジュルと吸い上げ、竿の根本まで喉奥深くまで呑み込んで……ああん、タマタマだってしゃぶっちゃう！

と、次の瞬間、何かの気配を感じて目を上げると、なんといつの間にか起きてた雅治くんの視線とぶち当たっちゃった。

一瞬、動揺した私だったけど、彼はニッコリとほほ笑んでくれて、私のはしたない振る舞いをとがめだてすることはなかった。それどころか、私のほうに手を伸ばして胸の辺りに触れると、やさしくその膨らみを揉み撫でてくれて……私は狂喜乱舞しながら、自分から服を脱ぎ、ブラを取ってしまって……ナマ乳を可愛がってもらいながら、パンティも脱ぎ捨て、ジリジリと体を上げていくと、ついに濡れほぐれたアソコを彼の股間の真上にかざし構えてた。

「このまま、入れていい……？」

「はい、もちろんです」

私の問いかけに彼は快く答えてくれて、私は晴れてグッと腰を沈めると、上からヌプヌプとペニスを咥え込んでった。太い竿がニチュニチュと私の肉ひだをこすり上げ、奥のほうをズイズイと突いて……私のほうも激しく腰を上下動させて、まるで飛び跳ねるように女性上位のピストンを繰り出して！

「ああん、いい、いいわぁ……ああっ、雅治くぅんっ……！」

「ああ、僕もとってもいいですよ！　のぞみさんのココ、熱く吸い付いてきて、まるで蜜壺みたいだ！　……あ、あうう！」

そして私たち、ほぼ同時にイッちゃった。

感じた以上に嬉しかったのは、普段、私のことを『叔母さん』と呼んでいた彼が、その最中だけは『のぞみさん』と名前で呼んでくれたこと。

くうっ、モテる男ってこういうことだよね！

もちろんこのことは、私と雅治くんの間の永遠の秘密なんです。

■私は三方からの下半身への責めに悶えながら、口の中で暴れる肉塊をしゃぶり……

映画館の暗闇で集団痴漢のカイカンに悶えよがって

投稿者　鋤田あずさ（仮名）／27歳／OL

九月のシルバーウィークの連休、仲良しの同僚ＯＬ・みさきと東北の某県へ二泊三日で旅行に行こうということになったのですが、急な用事ができたという彼女の都合で、現地集合にしてしまったのが運の尽き……旅先で、思いもよらないとんでもないＨアクシデントに見舞われちゃいました。

先に目的地に到着した私が、みさきの状況を聞こうと電話をかけると、あと二時間……八時には着けると思うから、もうちょい待ってて、ごめん！　との返事。せっかくだから晩ごはんは一緒に食べたいし、先に宿にチェックインするっていうのも面倒だし……私はとりあえず手荷物を駅のコインロッカーに預け、適当に時間つぶしをすることにしました。

さて、カフェでお茶を飲むか、駅前の繁華街でウィンドーショッピングでもするか……なんかどれも今いちパッとしないなあ、などと思いながら、ちょっと裏道のほうに入っていくと、一軒の映画館があるのが目に留まりました。小さくて古びてて……明らかに昔ながらの名画座のようでしたが、なんと、私が前から観たかったのに、あれこれ都合がつかず見逃していた、某フランス映画がかかっていたんです。入口のところに掲げてある上映時間表を見ると、まさに今これから今日の最終回を上映するところ！　上映時間は九十分ちょっとと、ちょうどみさきがこっちに到着するまでの空き時間を埋めるのにピッタシです。

私は入場料千円を券売機に投入すると、購入した入場券を受付のおじさんに渡して、足取りも軽く館内の暗闇の中へと入っていきました。

入った瞬間はほぼ真っ暗で何も見えない状態でしたが、スクリーンに映える光のおかげもあって、ほどなく館内の様子がわかるようになってきました。おそらく全席合わせても百は無いであろう狭い中、入場客数はその三分の一にも至っていなかったと思います。

まあ、話題の最新作を上映してる一番館じゃあるまいし、地味な旧作がかかってる名画座じゃ、せいぜいこんなものでしょうね。

私は若干寂しく思いながらも、全座席の列のちょうど真ん中くらいに位置する場所へと向かい、そこに腰を下ろしました。今日着てきた白い秋冬系のコートだと、この暗い館内でさぞ目立つでしょうね、などと思いながら。

そして上映開始を告げる館内アナウンスが聞こえ、映画が始まりました。

開始から十分ほどは、まったりとした展開で思わず眠気を誘われるものでしたが、それが過ぎるとがぜん物語が動きだし、その面白さに私は夢中でスクリーンに見入ってしまいました。

ええっ、一体、これどうなっちゃうの？

ドキドキ、ハラハラ、ワクワク……スリスリ……。

えっ、スリスリ？

私は心中で高まるテンションとは異質な外的感触を覚え、思わずギョッとしてしまいました。そのまま恐る恐るそれを感じた箇所を見下ろしてみると……⁉

なんと私を挟んだ左右の座席の暗闇の中から手が伸び、両方の太腿をそれぞれ撫で回していたんです。知らぬ間にスカートがめくり上げられ、手の生温かい感触は薄いストッキングの生地を通して、ほぼ直に肌に触れているように感じられます。

言いようのない恐怖にとらわれた私は思わず固まってしまい、声をあげることすらできませんでした。

すると二つの手は、それがまるで私からのＯＫの合図とでも思ったかのように、ますます大胆に、積極的に動き出し、腰のほうに這い上がっていくと、スルスルとストッキングを下ろし始めました。

（……あ、だめ、やめて……そ、そんな……ああっ……）

必死に腰をモゾモゾと動かして抗おうとする私でしたが、今度はなんと、座席の背後から私の両肩を越えて這い伸びてきた別の手が、私の着ていた緑色のブラウスのボタンを外してしまったかと思うと、無理くりブラの中にねじ込まれ、ワサワサと乳房を揉み、乳首をいじくり始めたんです。

私はジタバタと体をもがかせて、その行為を邪魔しようとしましたが、正直、性感は反応し始めていました。なにしろカレシいない歴、今月でもう一年近く。長らく欲求不満が溜まったカラダは正直で、胸から注ぎ込まれる快感がジワジワと全身を侵食していくのがわかります。

と、そんなところへ左右の手が、ストッキングを下まで下ろし切り、パンティの中に直接潜り込んできたものだから、たまりません。（おっ？）というかんじで私の股間の濡れ具合に気づいた二つの手は、がぜん自由奔放に痴漢行為を本格化し始めたんです。

（このスケベ女が！　もっと激しくいじくってほしいんだろ？　クリ豆、すりつぶれるほどこね回してほしいんだろ？）とでもいうかのように、嬲り責め立ててきます。

「……んっ、んふぅ……く、うう……」

たまらずついに喘ぎ声が口からこぼれ出てしまいました。すると、

「し〜〜〜〜〜〜〜〜っ！」

背後と左右の三方向から咎めだてられ、私は泣きそうになりながら必死で声を抑えるしかありませんでした。

ああ、そうしながらも、胸とアソコを見ず知らずの三人の手で同時にいたぶられ、なんともう二回もイッてしまった私。

もう勘弁してぇっ……と、座席の上でぐったりしながら思った私でしたが、続いてさらなる驚きの展開が待っていました。

なんと四人目の存在が現れ、身をかがめながらスルスルと私の正面に潜り込むと、長い舌を伸ばしてペロペロとアソコをねぶり始めたんです。

肉豆を、肉ひだを、二本の手でいじくられながら、同時に舌でいやらしく責め立てられる、その刺激と快感の凄まじさたるや……、

「……あっ、ああっ！」

ついに私はあられもない喘ぎ声をあげてしまいました。

回りからは（しょーがねーなー）というぼやき感が伝わってきましたが、かといって私が解放されるわけではありませんでした。

続けてまだ下半身が三人の手でいじめられる中、さっきまで背後から胸をいじくっていた存在が、強引に私の首を回して自分のほうに顔を向けさせたかと思うと、その口にいきり立った肉塊をねじ込み、しゃぶらせてきたんです。

いよいよ怒濤のクライマックスが走り始めました。

私は三方からの下半身への責めで悶えよがりながら、口の中で暴れる肉塊をしゃぶり、咥え乱れて……最後、大量の射精物を飲み下しながら、最後のオーガズムに身をゆだねていたのでした。

あとで聞いたところではこの映画感、地元ではちょっと知られたエロ・スポットで、集団痴漢されたい淫乱オンナが、その目印に白い服を着て一人で入っていくと、虎視眈々と待ち構えた皆さんに、思う存分可愛がってもらえるという……。

とまあ、そんなこと知るよしもなかった私でしたが、思いがけずタップリと気持ちよくしてもらったあと、無事遅れてやってきたみさきと合流、東北での二泊三日のバケーションを楽しんだのでした。

■私は君子さんに唇をふさがれ、舌を吸われて唾液を啜り上げられながら……

社宅妻たちの淫らで哀しい性宴の虜となった歓迎会の夜

投稿者　緑川あさひ（仮名）／31歳／専業主婦

　夫の急な転勤が決まり、私も長年住み慣れた東京から遠く離れた、関西の地での社宅生活を始めることになりました。

　最初、夫の出世や評価にも影響するという、社宅での奥様づきあいに恐れをなし、日々戦々恐々としながら、神経の磨り減るような毎日を送っていたのですが、それは杞憂のようでした。

　この社宅は一フロアに四世帯が入居していて、概ね何をするにもこの四世帯での話し合いや活動が基本となるのですが、まだ私と夫が入居して間もない十日目頃、その中のリーダー格ともいえる部長夫人の君子さん（四十二歳）が、こう言って声をかけてきてくれたんです。

「緑川さん……あ、下の名前で、あさひさんって呼んでもいい？　うん、気楽にいきましょ？　私のことも君子さんでいいから」

「あ、はい……わかりました、君子さん」

「あさひさんのとこも、もうここに来て十日くらいよね？　もう慣れた？」

「え、ええ……皆さん、やさしくしてくださるので……」

「あはは、またまたぁ！　まだまだ緊張して皆とまともに話しもできないくせに、そんな気を遣わなくたっていいわよ」

君子さんは、私の杓子定規なセリフを鼻で笑うようにいなしながら、言いました。

「何せ、あなたからしてみれば、うちら皆、ご主人の上司の妻だからねえ……下手なこと言ってダンナの出世に影響したりしたらどうしようって気にして、そりゃとてもじゃないけどリラックスして話せないのは、いやでもわかるわあ」

「……は、はあ……」

「だからね、そんなあさひさんと少しでも早く打ち解けて、自然体で仲良くやっていくために、あなたの歓迎会をやろうと思うのよ。どう？」

「ええっ、そ、そんな……申し訳ないです、私なんかのためにわざわざ……」

「いいのよ、いいのよ！　ほんと、皆やさしくて気のいい連中なんだから！　美味しいもの食べて、飲んで、楽しく盛り上がって仲良くなりましょ！　ね？」

というわけで、その週末の夜、君子さん宅で私の歓迎会が開かれることになったのです。メンバーは、部長夫人の君子さんを筆頭に、課長夫人の沙織さん（三十六歳）、係長夫人の真紀さん（三十四歳）の三人、そして私でした。

しかもその週末の土日は、各夫たちも会社の懇親ゴルフ大会があるということで泊まりがけで不在で、女たちだけで気にせず無礼講という話でした。

「それはよかったじゃないか。皆さんに可愛がってもらって、気に入られて……俺のためにも内助の功してくれよな、奥さん！」

夫は人の気も知らないで冗談めかしてそんなことを言い、私はまた改めてプレッシャーと、社宅妻としての責任感を感じてしまうのでした。

そして当日の土曜日、朝早くに夫たちをチャーターした観光バスでゴルフ場に送りだしたあと、あれこれと家事を片付け終えた夕方六時すぎ、私は手土産のまあまあ高級なワインを一本携え、君子さん宅を訪ねました。私もいろいろ準備を手伝わせてくださいと言ったのですが、「あなたはお客さんだから」と拒否られてしまったのです。

「じゃあ、あさひさんとの末長い友好と、皆の健康を祈って……かんぱーい！」

「かんぱーい！」

君子さんが乾杯の音頭を取り、用意されたビールや私が持参したワインを飲みながら、美味しそうなケータリングを囲んでの宴が始まりました。

私も最初のうちこそまだまだ緊張していましたが、その後適度にアルコールが入り、気分も大きく軽くなっていくと、どんどんリラックスして皆との会話が弾んでいきました。それはもう楽しくて楽しくて……あっという間に二時間ほどが経ち、皆、いい加減飲み食いして、おしゃべりし合ったので、一旦小休止という感じになりました。

と、私がソファに寄りかかってウトウトしかかった、そのときのことでした。

つぶった眼の上を何かの影が覆うのを感じ、ふと目を開けてみると、すぐ目の前に君子さんの顔があったのです。私の顔との間の距離は十センチほどしかありません。

「……えっ……？」

驚いた私が思わず身を起こそうとすると、その体を押さえつけられ、そして次の瞬間、思いもよらないことが起こりました。

なんと君子さんの唇が、キスで私の唇をふさいできたのです。

「……んっ、んぐふ、うぶ……ん、んんんっ……」

私はうろたえてしまい、体を必死でもがかせて身を離そうとしましたが、それは無駄な抵抗でした。だって、君子さんのみならず、他の二人……早織さんと真紀さんも一緒になって私の上にのしかかり、体を押さえつけていたのですから。

「ああ、やっぱり若いっていいわ。ほら、オッパイもはち切れんばかりにツンと上を向いて、ピチピチにみなぎってる！」

「ええ、ほんとにそうね……この太腿もムチムチでスベスベ！　たまらなくおいしそうよっ！」

「……んっ、ううっ……んぐふ、くぅぅぅ……！」

　相変わらず私は君子さんに唇をふさがれ、舌を吸われて唾液をジュルジュルと啜り上げられながら、二人がかりで私の服を脱がしつつ、ああだこうだ好き勝手なことを言ってる早織さんと真紀さんのやりとりを聞いていました。

（ええっ？　こ、この人たち、何言ってるの？　オッパイがどうした、太腿がどうしたって……ま、まさか……レズビアン⁉）

「ねえ、見て見てっ！　あさひさんも、乳首ビンビンに勃起してまんざらじゃないみたいよ！　もっともっと可愛がってあげなきゃ！」

　早織さんがいたく嬉しそうにそう言い、私の乳首にしゃぶりつくと、チュルチュルと舐め転がしてきました。

「……んんっ……！　は、あぁあぁぁぁ～～～～っ！」

　私もとうとうたまらず、君子さんから唇を引き剝がすと、ほとばしるままに喜悦のよがり声をあげてしまいました。

今や完全に全裸に剝かれてしまった私は、君子さん、沙織さん、真紀さんの手にかかって全身の敏感な部分をもてあそばれながら、これでもかと性感を刺激されてしまっていたのです。

「ああ、ほんと、あさひさんのカラダ、若くて瑞々しくて……たまらなくおいしいわあ！　ほら、ここも信じられないくらい滴ってるわよ！　いま舐め尽くしてあげるからねっ……ンジュルルルルッ！」

「んあっ、あひ……んひぃぃぃ～～～～～～っ！」

凄まじい勢いで股間を吸われながら、私の目は今や三人そろって一糸まとわぬ痴態をさらしている、上司の妻たちの熟れた肉体に吸い寄せられていました。

（あ、ああん……皆、なんてエッチなのぉ？　誰もが年齢を感じさせないエロスに満ちてて……もっともっと愛し合いたいわぁ～～～）

私のテンションも未だかつてない昂りを見せ、今や抵抗を感じるどころか、完全に女同士の欲望とプレイの虜と化していました。

最初は責められる一方の私でしたが、そのうち自分でも皆のことを愛したくてたまらなくなり、すすんでカラダをまとわりつかせていくと、君子さんの乳房を啜り、沙織さんのアソコを掻き回し、真紀さんのアナルをねぶり回して……貪欲なセックス・

ハンターと化していました。

「ああっ、いい、いいのぉ……んああっ！」

「あ、ああっ……アタシももう、イッちゃうっ……！」

「あん、あん、あん……イクイクッ！　んあぁっ！」

そうやって、女四人の淫らすぎる性宴は夜中の三時すぎまで続きました。そしてそれは翌朝、皆が目を覚ましたあともまたお昼頃まで続けられたのでした。

考えてみれば、四人とも子供のいない女同士でした。

子供を産んでいないからこそカラダの線も崩れず魅力的で……でも、一方でこの先も得ることのできない母親になる喜びの代償として、ピュアで哀しい愛を育んでいくのかもしれません……。

仕事場でまさかの呉越同舟3Pエクスタシー?

投稿者 湯浅真里菜(仮名)/34歳/パート主婦
■太くたくましくいきり立った倉田さんの肉棒を、私の濡れた肉ひだが呑み込んで……
そりゃもう大ショックだった。

私が密かに憧れていた、出入りの○×食品のドライバー・倉田さん(四十歳)が、私の大嫌いなパート仲間の新井さん(三十三歳)と、まさかできてたなんて……!

しかも、その衝撃の現場を偶然、直接目撃しちゃうだなんて、信じられる?

それは、私の勤務シフトが終わった夕方の五時すぎ頃のこと。

まさにスーパーは書き入れ時で、従業員はほぼ皆、レジと接客のためにバックヤードから出払い、倉庫や店舗裏口にはほとんど誰も残っていなかった。

そんな中、私は子供の塾の送迎の関係で一人早上がりし、更衣室で制服から私服に着替えてたんだけど、なんか倉庫の隅から変な物音がする。

今この時間帯、ここには誰もいないはずだけど……?

不審に思った私は、自然に息をひそめて物音の聞こえたほうを窺った。

そして、見てしまった。

倉庫の隅に置かれた休憩用のマットレスの上、倉田さんのたくましく引き締まった裸のお尻の筋肉が激しく上下動しているのを。

「はぁ、はぁ、ああ……はっ、はっ……ああ……」

そして、それを柔らかな股間の媚肉で受け入れ、悩ましく息を荒げているのは……ことあろうに、あの新井さんだった！

日頃から、なんだかやたら、私と『オンナとして』張り合ってくる、マジ目障りなパートの同僚。私としてはほとんど意識したことはないのだけど、皆に言わせると、その美人度・肉体的魅力・フェロモンなど、パート職場内での女ヂカラ・ランキング的には、私と新井さんが一・二を争う双璧なのだそう。

ふ〜ん……と思いながらも、内心「所詮、私の敵じゃないわ」と、完全に上から目線で舐めきってたんだけど……。

こと、倉田さんがからんでくるとなると話は別よ！

なんであんなブスが、私の憧れの倉田さんとエッチしてるわけ？

ふざけんじゃないわよ！

倉田さんも倉田さんよ！　あんなブスとやらなくても、言ってくれれば、いつでも私が喜んでお相手するのに……ムキ〜〜〜〜ッ！

私の中で、新井さんのみならず、倉田さんも許すべからず憎き敵になってしまった瞬間だった。

私は息をひそめて、まぐわい合う二人のすぐそばまで接近すると、スマホを取り出してその不埒な行為の一部始終を動画撮影し始めた。

「あ、あん、ああ……イク、イク……ああ、倉田さんッ！」

「はぁはぁはぁ……お、オレももうヤバそうだよ、新井さんっ……」

二人の喘ぎが高まり合った、まさにその瞬間、私は割って入った。

「はいはーい、二人ともそこまでっ！　ほらほら、お互いに離れて離れて！」

「え、ええっ……ゆ、湯浅さんっ？　な、なんで……？」

「…………」

新井さんは慌てふためき、倉田さんは黙り込んでしまい。

「二人のあられもない淫行現場は、しっかり動画に撮らせてもらったからね。もう申し開きはできないわよ！」

「で、それをどうするの、湯浅さん？　俺たちをクビにするつもり？」

黙っていた倉田さんが、ドスのきいた声で聞いてきた。

うんうん、この渋い声がまたたまらないのよね〜〜。

「そんなつもりはないわ。ただ、これを表に出されたくなかったら、私のいうことを聞いてほしいだけ」

「それは……何？」

そう言いながら、すでに倉田さんは私の意図に勘付き始めているようだった。

「そうよそうよ！　一体何が望みなの、湯浅さん⁉」

うるさい、ブス！

私は内心、新井さんを怒鳴り飛ばしながら、もう倉田さんのほうしか見てはいなかった。そして、無言で服のボタンを外し始めた。

「ちょ、ちょっと、何やってるのよ、湯浅さん⁉」

「ちょっと黙って、新井さんっ！」

倉田さんに叱りつけられ、新井さんは押し黙った。

見つめ合う私と倉田さんの目には、もうお互いの姿しか映ってはいなかった。

私が服を脱ぎ、下着も外し終えると、倉田さんは全裸の私を迎え入れた。

ようやくことのなりゆきを察したらしく、新井さんももう何も言わず、黙ってマットレスの脇に身を引いた。

「ごめんね、湯浅さん……最初からきみとこうしてれば、よかった。新井さんからしつこく誘惑されて、ついついほだされてしまった俺が悪かった。前からずっときみのことが好きだったんだよ」

「もちろん、知ってるわ」

私たちは抱き合い、キスして、さんざんお互いのカラダをまさぐり合い、高め合うと、太くたくましくいきり立った倉田さんの肉棒を、私の濡れた肉ひだが奥まで呑み込んでいった。

「……あっ、あ、ああ……んあっ……」

それは想像したとおりの……いや、想像をはるかにしのぐ、魅惑の快感のバイブレーション。私の性感を深く的確にえぐり責め立ててくる。

「ああ、湯浅さん……はぁ、はぁ、はぁ……そんなに締めつけられたら、俺のチ○ポ、もう暴発しちまいそうだよっ……ううっ！」

するとそこへ、思わぬ闖入者が……新井さんだった。

「ああん、あたしもガマンできなぁい！　ねえねえ、交ぜて交ぜて！　いっそ三人で楽しみましょうよおっ！」

「ええっ、ちょ、ちょっとちょっとぉ……！」

私はうろたえたけど、彼女を拒絶する術を持たなかった。

新井さんは、倉田さんに貫かれる私の体に取りつくと、乳房に取りすがり、凄まじい勢いで口唇愛撫を繰り出してきたのだ。倉田さんからの下半身への肉交と、新井さんからの上半身への淫撫の快感がないまぜになって、私をかつてない快感の淵へと引きずり込んでいく。

「あ、ああん、ああ……いい、いいのぉ～～～～～っ！」

「う、ううっ……湯浅さんっ！　くうっ！」

「んあっ、ねえねえ、今度は私に突っ込んでぇっ！」

三者三様、求め合い、感じ合い、むさぼり合って……私たちはお互いに役割分担を交替しながら、何度も何度も快感を味わい尽くした。

それにしても、その後まさか、この三人が仲のいいセフレ仲間になるとは……昨日の敵は今日の友……？

よくわからないけど、楽しければ別にそれでいいか？

■私の濡れた中心部に向かって、彼は固く太くたくましい肉の猛りをねじ込んできて……

お向かいのアパートに住むセフレとの極秘ご近所づきあい

投稿者 久住萌香（仮名）／36歳／専業主婦

某一部上場企業に勤めるやさしい夫がいて、成績優秀で可愛い小学二年の娘がいて、まあぼちぼちうまくやってる同居の姑がいて。

そんな、これといって文句のない、何の変哲もない専業主婦としての私の日常にある変化が起きたのは、三ヶ月ほど前のことでした。

うちはもう築五十年近くになる古い木造の一軒家で、昔ながらのごみごみとした住宅街の一郭に立っています。十年近く前、私は夫と結婚してこの家に嫁いできたわけですが、当初、周辺地域の狭くて濃ゆい人間関係にいたく面食らいました。でも少しずつ、姑に指導を受け、教えを乞いながら、ご近所の人間関係と付き合い方を知り久住家の嫁として馴染んできたわけです。

そんなふうに、辺り一帯、皆知り合いという環境なわけですが、ある一軒だけ異質な存在がありました。

わが家と狭い路地を挟んだお向かいさん。その一棟丸々が賃貸アパートなのです。元々の地主さんはもうそこには住んでおらず、管理を任された不動産会社が運営している形です。これがまだ家族向けの物件ならそうでもないかもしれませんが、基本、六畳一間にキッチン・バストイレという、完全に単身者向けの間取りになっている関係で、非常に入居者の出入りが頻繁で、大抵の人が一～二年で転居してしまいます。ですから、このアパートの住人に関してだけは、濃ゆいご近所関係とは無縁というかんじでした。

そんなある日、私が二階の物干し場で洗濯物を干していると、ちょうど路地を挟んだ対面のアパートの一室の窓が開いていて、新しい入居者の人の引っ越し作業真っ最中の現場に出くわしました。

年の頃は私と同じ、三十代後半くらいでしょうか。サッパリとした短髪に、ちょっとオシャレな無精ひげがよく似合った、なかなかのイケメン男性でした。ほとんど大した荷物はなく、引っ越し業者を頼まず自分で車を運転しての自力搬入スタイルのようでした。

私は目が合ってしまったこともあり、つい声をかけていました。

「お一人で引っ越しなんて大変そうですね。何かお手伝いしましょうか?」

すると彼は、爽やかな笑みを浮かべながら、

「いえいえ、お気持ちだけありがたく。いやほんと、大した荷物、ぜんぜんないんですよー。もうすぐ終わりますんで」

と答えてきました。

その感じがとてもよくて、私は密かに彼に対して好印象を覚えましたが、まあ、だからといって何がどうこうなるわけでもありません。一応、お互いに名前を名乗り、彼は中本俊介さん（仮名）ということは知りました。

でもすぐにまた、私は家事や育児など日々の忙しさに呑まれ、彼のことを意識することもなくなっていきました。

その後、私と夫の仲が少し険悪になった時期がありました。

それまで、ある程度定期的にあった夫婦のセックスが疎遠になり、それはもっぱら夫側の不都合が理由で……私は彼の浮気を疑ってしまったんです。

結局それは誤解で、仕事による彼の心身両面に渡っての不調が原因だったのですが、そうとは知らない私の気持ちはとても不安定になり、肉体的にもざわつくような欲求不満を覚えるようになりました。

そんなとき、私はある現場に出くわしてしまったのです。

夏の暑い夜、もう十二時を回った頃のことでした。

例によって夫から相手にしてもらえない悲しみと不満を胸にくすぶらせながら、私は独り二階に上がり、電気もつけない暗闇の中で暗い星空を見つめていました。ごく自然に涙がこぼれてきてしまいます。階下では私を裏切っているかもしれない夫と、何も知らない姑と娘がスヤスヤと眠っている……。

あたしって何なんだろ?

そんなことを思っているとき、路地を挟んで同じ目線の高さにある彼、俊介さんのアパートの部屋の窓が開き、暗闇の中にその顔が浮かんだのです。

私はハッとして身をすくめ、彼の視線から自分の姿を隠しました。

そしてこっそり、その様子を窺ったんです。

すると、そこにいたのは彼一人ではありませんでした。

女が……しかも、一糸まとわぬ姿で、彼に寄り添っていたのです。

私は心臓が飛び出そうなほど、ドキドキしました。

次第に闇に眼が慣れてきて、女の顔かたちが見えてきました。たいして美人じゃありません。あれなら私のほうがずっと……そんなふうなことを思いながら二人の姿を食い入るように見ていると、もちろん俊介さんのほうも服は着ておらず、全裸のお互いを激しくまさぐるように抱きしめ合っています。

熱帯夜の中で、想像どおりにたくましい俊介さんの肉体はしっとりと汗をにじませ、同じく豊満な裸体に噴き出した女の汗と、ねっとりと熱く交じりあい、濃厚にからみ合って……。

「あ、ああ……」

押し殺したような女の喘ぎ声が、夜陰を通じて聞こえてきます。

彼の分厚いグローブのような手が、女の乳房を押しつぶすように掴み、揉みしだいて……時折しごくように指先が乳首をこね上げると、

「……んひっ！」

と、一瞬女の声が高く裏返ります。

いつしか私は、自分が彼にそうされているような感覚に陥っていきました。

自らの手で胸を、アソコをいじりながら、際限なく溢れてくる体液のぬめりを感じつつ、彼に愛されているような陶酔感に我を忘れていって……。

「……んっ、ふぅ……う、うふぅ……んくっ……」

向こうの下半身の様子こそ見えませんが、私の脳内では彼に激しく突かれている自身の姿が充満していました。

ああ、俊介さん……いい、いいわっ……ああ、もっと、もっともっと……！

私はビクビクッと全身をわななかせながら、イキ悶えていました。

その翌日の夕方頃のことでした。

私が買い物を終えて家に帰ってくると、ちょうど仕事を終えて帰宅した俊介さんと出くわしました。彼は空調設備のメンテナンスの仕事をしていました。

「こんにちは」

「こんにちは。きょうも暑かったですね」

私が彼の挨拶に言葉を返すと、彼は一瞬の間のあと、言いました。

「昨夜、見てましたよね？」

「……え？」

「見てるだけじゃなくて、今晩、うちに来ませんか？」

「な、何をおっしゃってるのか……」

「鍵は開けておきますから……待ってますよ」

アパート内に消えていく彼の後ろ姿を見送りながら、私はなぜか激しく震えてくる自分の体を、なかなか鎮めることができませんでした。

昨夜、彼のことを覗いていたのを、まさか気づかれていたなんて！

それから夜まで、私は何気ないふうを装いながら、家事や家族との会話、雑事などをこなしつつ、心ここにあらず状態でした。

どうするの、あたし？　人妻なのに彼のところに行ったりしていいの？　でも、夫も浮気してるかもしれないし。もしご近所の人に見られたら？　ああ、でもでも、彼に抱かれたくて、もう辛抱たまらないっ！

……結局、その日の深夜、家族が寝静まった頃、私は彼の部屋のドアを開けていました。彼が言ったとおり鍵はかかっておらず、玄関を上がって奥へと進んでいくと、もうすでに服を脱いでたくましい肉体をさらした彼が待ち構えていました。

「やあ、やっぱり来たね。正直、最初に会ったときから、こうなるんじゃないかって思ってたよ……」

そう言う彼の言葉を聞きながら、私はもう居ても立ってもいられず、自ら服を脱ぎつつ、彼の元へと歩み寄っていました。

そして、お互いに全裸で向き合った私たちは、激しくむさぼるようなキスをして、混じり合った双方の唾液を舐め合い、啜り合いながら、全身を愛撫し合って。

「あの、あたし、夫が浮気してるかもしれなくて……」

「しーっ。いいよ、そんなこともう。今はお互いに気のすむまで愛し合おうじゃないか。ずっとあなたとこうしたかったよ」

　私は畳の上に押し倒され、そのくずおれた両脚を左右に大きく押し開き、もうすっかり濡れた中心部に向かって、彼は固く太くたくましい肉の猛りをねじ込んできました。すごく大きいはずなのに、私の淫らなソコは待ちかねたように、ズルズルといとも簡単にソレを呑み込み、奥へ奥へと引きずり込んでいきました。

「……んあっ、はぁ、あっ……ひあぁぁ……！」

　静かな夜のとばりの中で精いっぱい声を押し殺しながら、それでも私は待ちかねた喜悦の境地で身悶えし、何度も何度も絶頂を味わっていました。

「うっ、くう、んはっ……さあ、出すよっ……！」

「はぁっ……外で！　外で出してっ……！」

　私は最後の最後、そう彼に言い放っていました。なぜなら、これからも彼とは長くつきあっていきたいと思ったから。妊娠なんてとんでもありません。

　そんなわけで、私とお向かいに住むセフレ彼氏との良好な関係は、今でも続いているというわけです。

■彼の立派な亀頭の笠がこれでもかと大きく開いたその姿は、まさに巨大きのこ……

幻のきのこ料理で味覚も性感ももうお腹いっぱい！

投稿者 十和田由布子（仮名）／26歳／デパート勤務

某デパートのイベント企画部に勤めるOLです。

いよいよ、当デパートの恒例人気イベントである、秋の全国グルメフェスタの時期が近づいてきたということで、上司から、皆がビックリするような初出店の新顔店を見つけてこいと仰せつかり、ネットやバイヤー仲間の情報を駆使して調べた挙句、京都にあるという『幻のキノコ料理の店』という存在を探し当てました。

事前に集めた情報によると、その店はある一人の男性が切り盛りしているらしいのですが、店を営業するのは、山でいいきのこが獲れた日のみ。しかもそのきのこ料理が食べられるのは一日一組の客限定ということで、レアにもほどがあるというかんじでした。しかし、山のごく限られた場所にしか自生しない、これら貴重なきのこは、山のことを知り尽くしたその男性にしか見つけられず、しかもそれらを使い特殊な調理方法で作る料理は、誰もが未だかつて食べたことのない、天にも昇る心地の美味しさだという話で、いつでも、何年先までも待つという予約客が何百人と列をなしているのだそうです（しかもご予算は三万円超！）。

もう聞くだけで、こりゃデパートイベントへの出店なんてあり得ないだろうな〜と、恐れをなしてしまうようなハードルの高さで、私としてはとっととあきらめようと思ったのですが、この話を聞いた上司がぜん乗り気になってしまい、「とにかく当って砕けろ！」と、京都まで交渉の直談判に行かされることになりました。

新幹線で京都駅に着いてから在来線、バスと乗り継いで、朝イチで東京を出てから目的地に着くまで、なんと六時間以上もかかりました。

山奥にあるその男性の店兼住居にたどり着いたときには、夕方の四時近くになっていて、辺りには夕闇が迫っていました。

男性の名は島田正孝（仮名）、年齢は四十三歳ということでした。

事前に電話で話した時点ではけんもほろろの対応だったのですが、「とにかく会って話を聞いてもらわないことにはクビになってしまう」という、私の（若干オーバーな）泣きつき作戦で、どうにか直接会ってもらえることになった次第です。

島田さんを前にして、私はあらかじめ考えてきた、ありとあらゆる言辞を駆使して、出店への説得工作に当たりました。まだ残暑の名残が残る時期で、あえてエアコンのない建物のなか、私は薄手の麻のジャケットを脱ぎ、肌を露出したタンクトップ一枚の姿になって、流れる汗を拭いながら一生懸命でした。

すると……それがよかったのかもしれません。

私のことを見る島田さんの眼光の色が、濁ったぎらつきを帯びてきました。舐めるような視線を私の肌に這わせながら、

「まあ、とにかく一度、うちのきのこ料理を食べてみなさい。実際に味わわないことには、いいも悪いもないだろう？」

と言うと、台所に立って調理を始めたんです。

がぜん、私の中に明るい見通しが垣間見えました。

私の熱意が通じたかもしれない。これはいけるかも……？

そしてしばらくすると、台所のほうから、えも言われぬ芳しい香りが漂ってきました。それは未だかつて嗅いだことのない、夢見心地の気分に誘われるような……。

お盆の上に数種のきのこ料理をうやうやしく載せ、島田さんが台所から戻ってきました。ますます濃厚な香りが私の鼻腔をくすぐってきます。……いやそれは、くすぐるというような生易しいものではなく、まるで鼻からねじ込まれ、私のカラダを侵食してくるような……！

「あ、ああ……なんですか、このすごい香り……？」

「ふふ、たまらないだろう？　この香りはね、希少なきのこ自体が発するものに加えて、私が山で調達してきた複数種の樹皮や木の実、果物、香草、薬草などを秘伝の調合法でブレンドしたものを、きのこに塗布して焼くことによって生じるものが混じり合った、世界中でここでしかかぐわえない、スペシャルな香りなんだ」

「……ああ、なんだか、全身がとろけるみたい……な……」

「さあさあ、実際に食べて、その香りを体内に直接取り入れた日には、そんなもんじゃないよ。ほらほら、おあがんなさい」

「は、はい……いただきます……」

私は島田さんに言われるまま、中の見たこともない太い一本のきのこを手にとると、それを口に含みモグモグと咀嚼していきました。

「んあっ……な、何これ？　チョーおいしい……しかも、おいしいだけじゃない！　カラダ全体がフワフワと宙に漂っていくみたいで……き、きもちいいっ！」

私は熱に浮かされたようにそう言いつつ、きのこ料理の効能はそれだけではなく、全身がポッポッと火照りだして熱くてたまらなくなり、自らカップ付きのタンクトップを頭から脱ぎ去っていきました。

すると、ただでさえ色白の私の肌……丸い乳房の上で、いつにも増して乳首の桃色具合が、なまめかしく際立つのが自分でも見てとれました。

「ああん、なんだかヘン……乳首が痛いぐらいに疼いてたまらないっ！　んあっ、ああ……アソコも燃えるみたいでぇっ……！」

私はさらにパンツと下着も脱ぎ去り、完全に下半身を露出してしまいました。もう恥ずかしいも何もありません。熱くて、疼いて、悶々として……早く誰かに触ってほしくて仕方ない状態になってしまったんです。

「うんうん、やはり、若い女の子の反応は一段と激しくて、麗しいなあ……じゃあ、どうだ？　ここらで生身の生きのいいきのこを味わってみないか？　ほら」

島田さんはそう言うと、自らも作務衣のズボンを脱いで、下半身をさらしてきました。その山歩きで鍛えられた、たくましい両脚の付け根からはニョッキリと肉太のペニスがそそり立って……立派な亀頭の笠がこれでもかと大きく開いたその姿は、まさに巨大きのこ！

私はたまらずソレにむしゃぶりつくと、実際に食いちぎらんばかりに激しく舐め回し、しゃぶり立て……喉奥で締め付けながら心ゆくまで味わっていました。

「う、ううっ……すばらしい食べっぷりだ！　さすがはるばる東京からやってきたグルメイベントOLだけはある！　さあ、これからお待ちかねの『ホンモノの激レアきのこ料理』を食べさせてやるからな！」

「あっ、あん……あああっ……！」

「お、おおう、俺のきのこの肉笠が、みっちりした肉溝に呑まれ、からめとられて……た、たまらんっ！　くううっ……だ、出すぞっ！」

「あひっ、ひっ、ひうっ……イ、イク～～～～ッ！」

島田さんの大量の射精が私の胎内にほとばしり、それを受け入れ、全身をヒクヒクとわななかせながら、私も激しく果てていました。

結局、島田さんのきのこ料理は、マジックマッシュルームにも似た準非合法な食材等を用いていることもあって、ちょっとヤバいかもという話になり、今回のイベントへの出店はなかったことになりました。

でも、すっかり私のことを気に入ってくれた島田さんは、次回もし機会があれば、美味しくて安全なメニューを開発して、ぜひ参加させてもらうよと約束してくれました。私もそれなりに爪痕を残せたってことかな？

素人手記
ああ、禁欲限界突破！～田舎で、行楽地で、見知らぬ土地で…性の鬱憤を爆発させる女たち

２０２２年１０月２４日　初版第一刷発行

発行人　後藤明信
発行所　株式会社　竹書房
〒102-0075　東京都千代田区三番町８－１
三番町東急ビル６F
email：info@takeshobo.co.jp
ホームページ：http://www.takeshobo.co.jp
印刷所　中央精版印刷株式会社
デザイン　株式会社　明昌堂
本文組版　ＩＤＲ